基于问题导向的小学数学教学的理论与实践

陈 英 著

首都师范大学出版社
CAPITAL NORMAL UNIVERSITY PRESS

图书在版编目（CIP）数据

基于问题导向的小学数学教学的理论与实践/陈英著. —北京：首都师范大学出版社，2023.6
ISBN 978-7-5656-7583-6

Ⅰ.①基… Ⅱ.①陈… Ⅲ.①小学数学课—教学研究 Ⅳ.①G623.502

中国国家版本馆 CIP 数据核字（2023）第 102681 号

基于问题导向的小学数学教学的理论与实践

陈　英　著

责任编辑	林　尧

首都师范大学出版社出版发行

地　　址	北京西三环北路 105 号
邮　　编	100048
电　　话	68418523（总编室）68982468（发行部）
网　　址	http：//cnupn.cnu.edu.cn
印　　刷	天津雅泽印刷有限公司
经　　销	全国新华书店
版　　次	2023 年 6 月第 1 版
印　　次	2023 年 6 月第 1 次印刷
开　　本	710mm×1000mm　1/16
印　　张	11.75
字　　数	174 千
定　　价	60.00 元

版权所有　违者必究
如有质量问题　请与出版社联系退换

目 录

第一章　问题引领数学课堂的教与学 ·· 1

　　第一节　小学数学课堂的改变 ··· 1
　　第二节　课堂提问的概念和意义 ······································· 5
　　第三节　课堂提问的目的 ··· 8

第二章　小学数学课堂的提问策略 ·· 16

　　第一节　教师学会提问是发展学生核心素养的需求 ····················· 16
　　第二节　课堂提问的有效性 ·· 20
　　第三节　把握好提问的尺度 ·· 29
　　第四节　提问要平等 ·· 34
　　第五节　适当的提问评价和追问 ······································ 40

第三章　学生的问题意识是思维卷入的"钥匙" ···························· 51

　　第一节　尊重学生,记录所有问题 ···································· 51
　　第二节　针对问题,教师积极回应 ···································· 53
　　第三节　"五育"并举,问题引领学习 ································ 56

第四章　以"问题"为驱动,发展学生思维 ································ 59

　　第一节　线上问卷,学情调研是基础 ·································· 59
　　第二节　精研细磨,科学精准是目标 ·································· 61

第三节　暖心育人,让孩子成为最好的自己……………………… 64
　　第四节　在辨析、逐步建构的过程中发展学生思维…………… 66

第五章　提问策略下的小学数学教学设计案例……………………… 71
　　第一节　复式折线统计图………………………………………… 71
　　第二节　角的分类………………………………………………… 82
　　第三节　等号的再认识…………………………………………… 88
　　第四节　位置与方向……………………………………………… 94
　　第五节　运算定律与简便运算的整理与复习…………………… 115
　　第六节　圆柱与圆锥的整理与复习……………………………… 123

第六章　课改、减负与小学数学教育………………………………… 133
　　第一节　以校本数学课激发学生感受数学之美………………… 133
　　第二节　习于智长、优于心成…………………………………… 170
　　第三节　减负背景下的小学教学质量监测分析………………… 175

参考文献………………………………………………………………… 181

第一章　问题引领数学课堂的教与学

第一节　小学数学课堂的改变

中国教育学会副会长史宁中教授说:"数学核心素养是具有数学基本特征的关键能力与思维品质。"作为小学一线数学教师,在互联网信息急速发展的今天,在课堂上实施信息技术教育,推动教学方法、教学手段的更新,实现学习主体化、多元化、社会化,就具有非常重要的意义。

笔者在数学教学中充分发挥 AiShool 平台的优势,坚持问题引领数学课堂的教育方法,充分利用信息技术 Pad 教学的特点,营造了一个与众不同的教学氛围。

一、小学数学课堂使用 AiShool 平台带来的改变

(一) 教学方式的改变

1. 移动式教与学

从课堂的组织形式看,基于 AiShool 平台下的 Pad 教学,教师利用手中的 Pad 可以在课堂的任何角落,展开引导式教学。这改变了以往教学中,教师固定在黑板和电脑前进行操作的教学模式。

如人教版六年级下册"综合与实践"活动中"邮票中的数学问题"一课,教师在引入环节出示学生课前调查的"国家公布的邮政资费表",从中读取信息,了解国家邮政局关于信函邮资的规定。由于其中的信息量大,学生从中提取不同的有用信息,教师则手持 Pad,在学生间与学生进行聊天式

的学习，并请学生将重点信息在Pad上进行话批，并通过网络的无线传屏同步在大屏上呈现，供全体学生共同学习。这样既凸显了学生提取有用信息的过程，又将信函邮资的规定逐一呈现出来，利于接下来学生根据信函的资费标准，自主研究解决寄往不同目的地、不同质量的信件的资费问题。

利用Pad教学带来了课堂组织形式的改变，让教师在课堂的角色由过去的传授者、管理者变成现在的引导者、促进者、参与者、合作者，甚至是学生学习的伙伴。

2. 互动式教学

"互动式教学"是指教师"教"和学生"学"两个过程互相作用的整体性动态过程。具体表现为教师的主导施教和学生的主体认识相辅相成的课堂活动过程，即"教"和"学"之间相互联系。基于AiShool平台下的互动反馈功能，师生、生生都可以有效互动。

如人教版六年级下册"综合与实践"活动中"邮票中的数学问题"一课，在学生自主探究之后的合作交流环节中，学生边交流汇报边比较，再次发现质量不同、目的地不同的信件，邮资可能不同。比如同地的情况：寄往天津，质量是68克和135克的信件邮资不同。再如同质的情况：都是240克的邮件，寄往北京和另外两个城市，因目的地不同邮资也不同。教师利用Pad根据学生的生成及时进行圈画，直观呈现学生的想法，利于更多的学生理解、学习和借鉴他人的想法，并一起进行交流概括提升。

学生们在一起进行问题的归纳梳理，从众多的不同当中发现其中的相同点，即寄往三个城市的135克或240克的邮件，在计算邮资多少时，都采用分段计费方法。

（二）学习方式的改变

1. 问题引领探究学习

新课标指出："积极思考、动手实践、自主探索、合作交流等都是学习数学的重要方式。"转变知识学习方式，即"知识＋实践＝素养"。一切知识，唯有成为学生探究与实践的对象的时候，学习才有可能成为素养发展的过程。

2

如人教版六年级下册"综合与实践"活动中"邮票中的数学问题"一课，在学生自主探究环节，学生们先独立思考，再小组合作，研究解决寄往不同目的地、不同质量的信件的资费问题。教师将信息通过网络推送给每一位学生，提出"选择目的地和邮件质量，算算邮资是多少"的大问题，学生利用 Pad 开展自主探究学习，并利用 Pad 的书写功能，直接记录思考的过程。由于学生的能力、水平不同，在相同的时间内有的学生可以开展多个目的地、不同质量信件资费问题的研究。教师利用 Pad 改变了以往相同时间内学生整齐划一、标准一致的学习方式，开放的设计可以让每个学生个性化的学习需求得以实现，并且教师可以用 Pad 记录下学生的学习轨迹。

2. 情境化下的问题解决

信息时代，知识日益情境化，情境（生活与工作）日趋复杂化。唯有将知识根植于情境，才能实现问题解决的价值。课堂上利用信息技术，让学习与多样化的情境相联系，可使其迁移性获得最大化。

如人教版六年级下册"综合与实践"活动中"邮票中的数学问题"一课，进入课程的实际应用解决问题环节，教师利用 Pad 推送学习信息给学生，抛出一个贴近现实的生活情境问题："小丽寄快递的时候遇到了问题，她想从北京寄一个包裹给在上海的姥姥，有 3 家快递公司，你们觉得她选哪家快递公司合适呢？为什么？费用是多少元？"

学生则利用 Pad 中的信息先进行知识应用，并做出快递公司的选择。通过无线传屏功能，教师将课堂上学生的选择及时进行统计，并以统计表的形式呈现。新型的呈现形式、学生对问题的不同思考角度一起将课程学习推入高潮。

【课堂实录】

学生1：我选便宜的快递公司，通过计算比较出来申通最便宜，$10+5\times6=40$ 元。

学生2：首重申通和圆通都是 10 元，续重申通比圆通便宜，所以我选申通。（注：这名学生虽然没进行计算，但直接通过推理也找到了解决问题的方案。）

学生3：我选时间最快的快递公司，即使稍微贵一点我也能接受。我选顺丰，20＋5×10＝70元。

学生4：我喜欢服务最好的快递公司，我选顺丰。

实际生活中3家快递公司都可以把包裹送到上海姥姥家，在学生的交流中，教师发现学生会根据自己实际不同的需求，选择合适的快递公司。在情境化的学习过程中，学生不仅能进一步理解和应用"分段计费"的数学方法，感受分段函数的思想，更能真实地感受到数学就在我们身边，突出了"综合与实践"的学习模式。

通过课堂实践发现，情境下的问题解决"选择哪家快递公司合适？为什么"，学习任务的启动是前提；学生利用 Pad 进行研究是基础；小组活动、合作交流是关键。用 Pad 教学的过程实现了学生"用数学眼光观察现实世界，用数学的思维分析现实世界，用数学的语言表达现实世界"的目标。

二、小学数学课堂使用 AiShool 平台的优势

（一）以学为主

Pad 教学以学为主，创建有利于学生自主探究的学习模式，学生经历自主探究、实践活动、分析反思的过程。自主探究的内容具有基础性、实用性、时代性。实践活动即体验式学习，围绕"动"字，学生的眼、耳、口、手在体验过程中学习，必然带来的是心脑的互动，经过大脑的思考分析，完成学习任务，达成学习目标。Pad 与数学课堂的碰撞，始终围绕"趣"字让学生展开学习，趣味产生兴趣，兴趣激发学习热情，热情提升探究欲望，欲望催发实践行动，学生行动起来必然能够提高学习效率。

（二）及时反馈

信息技术改革提倡教学行为也要与时俱进。基于 AiShool 平台下的小学数学课堂教学打破信息传播的局限性，创建有利于教师及时调控的教学模式。课堂上教师通过无线传屏功能将学生的学习生成及时反馈，看出学生的思维路径，学生可以在互相分享中进行学习、反思、修正。正是基于这种学习方式，教师及时调整教学进程，真正实现以学定教，在师生互动评价中达成教

学目标，完成教学任务。信息技术让"综合与实践"的教学形式"活"起来，这里的"活"是思维的"活"，"活"而不乱、"活"中增智、"活"中求实。

（三）拓宽广度

要想拓宽学生的学习广度，就必须走出"书本小课堂"，为学生打造属于他们的"生活大课堂"。就如陶行知先生所说："要解放孩子的头脑、双手、脚、空间、时间，使他们充分得到自由的生活，从自由的生活中得到真正的教育。"课前教师利用 Pad 进行学习任务推送，课后学生在实践中完成学习任务并用 Pad 提交。从课前实际调查到课堂探究学习，再到课后拓展延伸；从课内到课外，从书本到生活。如"邮票中的数学问题"一课，学生可以认识、欣赏、了解邮票。一系列的过程让学生感受到数学与现实世界的联系，拓宽学生学习的广度，充分体现学科综合性——数学、美术、信息技术等学科的综合应用。数学综合与实践活动教学中，要让学生"动"起来，"动"而有序、"动"中有导、"动"中有得。

笔者在不断地学习、实践、反思中发现，问题引领数学课堂的教与学，就学生而言，在学习动机、学习效率、信息素养、协作意识方面均有提升。就教师而言，面对新技术，要以开放的心态去接纳，教育的变革需要技术的革新，只有用新技术促进学习变革，才能实现"为我们所生存的时代而学习，走进未来社会"的目标。

第二节　课堂提问的概念和意义

笔者在数学教学中始终坚持问题引领的原则，课堂提问是一项必不可少的教学技能。如果教师能够恰当地运用提问艺术，就可以很好地开启学生心灵，提高学生的智力，解决学生在学习中遇到的各种困难。

一、课堂提问的概念

（一）课堂提问的含义

课堂提问是课堂教学中司空见惯的教学行为，几乎每个教师都在课堂中自觉与不自觉地运用着。那么，什么是课堂提问呢？

《中国大百科全书·教育》认为，提问是一项重要的教学手段，它被运用于整个教学活动中，是联系师生活动的纽带，在教学中有助于引导学生探索知识、积极思考、获得智慧。

《西方教育词典》的解释是：它对教师具有重要意义，既可作为了解学生学到了什么和能做些什么的手段，又可作为教学技巧的一部分（如苏格拉底对话法）。一方面，通过提问，可以引导学生逐步做出教师预期的回答，或鼓励学生为了培养他们的洞察力而对其亲身经验进行考察。另一方面，不仅能培养学生回答别人提出的问题，而且能使学生自己组织问题并求得答案（从教师那里或别处求得）。

美国教学法专家斯特林·G.卡尔汉认为："提问是教师促进学生思维、评价教学效果以及推动学生实现预期目标的基本控制手段。"

美国教育家贝隆和布兰科认为："提问是课堂上以语言交流为中心的教学过程，它充当了教师的解释与学生的回答之间的中介。"

从以上一些对提问不同的解释可以看出，课堂提问是一种重要的教学手段，是师生之间进行对话和交流的重要方式，在教学中有检查评估、启迪思维、引导学习等多种功能。课堂提问是教师在课堂教学中通过提出问题，以及对学生的回答做出反应，从而了解他们的学习状态，启发思维，使学生理解和掌握知识，并发展潜能的一种教学行为。

课堂提问教学并非简单地指教师问、学生答。课堂提问教学包括课前问题的精心设计，问题情境的创设，问题的提出与实施，对学生回答的处理，对学生质疑的引导等综合行为。它是师生积极参与、交往互动、共同发展的过程。这一过程中的师生参与性，对教与学的促进作用就是教学评价的主要指标。

（二）课堂提问的过程结构

课堂提问作为一种教学行为，它不是某一个特定的行为，而是表现出一定的过程性。首先，教师有目的（复习巩固）地提出问题，然后由学生做出回答。之后，教师对学生的回答做出分析与矫正，在学生回答后又继续提问。尽管课堂提问的形式多样，但就过程而言，却大致相同，基本包含以下三个阶段：

提问：教师对教学内容的某一知识内容、特征或关系进行提问。

回答：学生分析提问的要求，回忆、提取并组织相关知识做出回答。

理答：教师对回答质量做出理答，即给出相应的评价，给予反馈、矫正或总结。

课堂提问是一个过程，这个过程包括很多内容。首先，从提问的主体看，既有教师，又有学生。一般多是从教师向学生提问开始，然后学生给予回答，教师对学生的回答进行理答，做出必要的评价与反馈。也可以是学生向教师提问，教师给予回答。其次，从提问中师生关系看，更多的是一种对话与交流。最后，从提问功能的实现看，无论是学生知识、思维的发展，还是认识力的提高，都是在对话和相互作用中得以实现。本研究主要以教师提问为主，从过程性视角出发来研究数学课堂的有效提问。

二、课堂提问的意义

课堂提问是教师在传授知识的同时，达到师生共同交流的一种主要的教学活动。好的课堂提问能揭示矛盾、辨别正误、唤起联想、引起思索，并有利于教师及时把握当堂课程学生学习的情况，做到当堂课的问题当堂解决、当堂调控，把学生的疑问全部在课堂上解决，从而达到调节教学活动的目的。

课堂提问能够加强师生间的交流和互动，让学生在教育教学中集中注意力，更好地参与课堂教学。现代教学理论主张让学生参与教学活动，也就是教师、学生共同来表演，教师唱主角，学生唱配角，不能让学生简单地从属于教师。课堂提问正符合这一教学理论，它能不断地引起学生的注意。课堂提问给学生以外部刺激，防止其注意力的分散，并使学生经常保持有意注意，对问题进行分析、反应，然后归纳整理并做出回答，使学生有一种紧迫感。实践证明，通过提问传授给学生的知识印象深刻，记忆牢固。通过提问引起学生的有意注意，让学生积极参与教学活动，所学知识比由教师对学生单向传递信息所获得的知识印象深刻得多。

合理的课堂提问还能够激发学生的学习积极性，形成自主学习的动力。课堂提问能激起学生的好奇心。好奇心是支配学习活动的一个重要动机，其特征在很大程度上依存于外界的刺激，它对于接受外界刺激、同化外界刺激进行信息处理的学习过程来说是非常重要的。提问能激发学生学习动机。因为回答问题是面向全班同学的，对问题所做出的回答体现了学生的知识水平以及能力，因此，学生在回答问题时总是希望得到称赞和自尊心的满足。这种竞争意识促使学生对问题积极思考，课前做充分的准备，平时多进行阅读以拓宽知识面，这样，提问就诱发了学生的学习欲望。教师通过对学生答案的肯定或否定，使学生知道问题是否得到了解决，在多大程度上取得了进步，在多大程度上达到了目标，这些又进一步激发了学生的学习积极性。

教师制定有效的课堂提问，能够更好地了解学生对教学知识的掌握程度，利于师生间的交流，以更好地完成教学任务。提问使得教学活动成为教师与学生进行信息交换的双边活动，而不是过去那种教师输出信息、学生接受信息的单向活动。提问可以使学生了解本课的重点，使教师了解到哪些知识点对学生来说是困难的，需要仔细讲解，哪些知识点学生已经理解，只需简单讲述，并根据学生反馈的信息及时调整教学活动，该详则详，该略则略，该补充则补充。提问能使教师了解到哪些问题学生基础薄弱，哪些问题需要加强并及时给予指导。提问能使师生双方相互了解，共同努力，搞好教学活动。

第三节 课堂提问的目的

当今的课堂教学，主要目的是培养学生的创造性思维能力，这就需要教师给予学生能够积极思考的机会。要实现这一教学目标，有效的办法，就是要提出问题。对于所提的问题，不是教师随随便便想设计就设计出来的问题，而是要在教师吃透教材的同时，围绕课本的知识点和学生心理特点精心设计的多个相关重要问题。

如果教师只考查关于学生对知识的信息记忆，就可以设计答案唯一的问题来问学生；如果要开启学生的思维能力，就可以采用求异答案的问题来设计提问。求异答案要求学生各抒己见，不要有与其他学生相同的答案。

根据优秀老师的教学经验，提问要有一定的目的性，才可以产生应有的效果，否则教师随意提问，学生随意回答，可能会影响课堂的秩序和学习的效果。不过，教师为了顺应班里的学习氛围，可以利用时机，恰当地提出问题，引导学生积极思考，也是有效的教学方法之一。但在一般情况下，教师的提问，并非无的放矢。在提问之前，得有所思考，对于教学的目标、教学的过程、教材的内容、学习的目的、学习的方法及学习上的困难、进度、评价等方面的检验与推进，都可以提出问题。实际上，提问的目的不同，作用也会不同，而问题的实际意义自然也有差别。在一般的教学情境中，提问的目的有以下几种。

第一，引起注意，激发学习兴趣。引起注意、激发兴趣是课堂提问的第一要素。教师应从教材和学生的心理特点出发，提出新颖别致和具有趣味性的问题，用科学的、艺术的、生动的语言，引导学生进行积极思考。

好奇之心人皆有之。强烈的好奇心会增强人们对外界信息的敏感性，激发思维。教师设计提问时，要充分顾及学生的兴趣点，使学生处于对知识的饥饿状态，从而产生强烈的学习动机。

课堂开始时，巧妙的提问会产生强烈的震撼力，因为它能唤起学生"刨根问底"的兴趣，使学生产生强烈的求知欲；在讲解过程中教师提出启发性问题，可以使学生深入地探求事物的本质，乐思、善知，开展积极思维；课堂结束时，教师通过提问，对学生行为进行评价、鼓励，或设下悬念，能够激发学生继续学习的动力，保持学生稳定的学习兴趣。

【例1】

教学"最小公倍数"，教师首先结合实际情境，出示如下内容：

学校录制健身操活动，体育老师挑选了一些同学参加节目录制，要求6人一组或8人一组都恰好分完。猜一猜，参加录制节目的同学可能有多少人？参加录制节目的同学至少有多少人？

师：谁来说说你是怎么想的？

生1：因为要求6人一组或8人一组都恰好分完，所以先找出6的倍数和8的倍数，再找出它们相同的倍数，可能的人数是24、48、72等等，"至少"人数就是最小的可能，至少有24人参加。

师：回答非常准确，理由很充分。

过渡：可能人数就是6和8公有的倍数，最少人数是6和8的公有倍数中最小的，叫作最小公倍数。今天我们就来一起研究：最小公倍数。

师：对于本节课要学习的内容，同学们有什么想法？

生1：最小公倍数是什么？

生2：既然有最小公倍数，那么有最大公倍数吗？

生3：求最小公倍数有什么意义啊？

……

第二，启迪思维，引发质疑探讨。"学贵有疑，小疑则小进，大疑则大进。"学生探究知识的过程是在"生疑—质疑—释疑"的矛盾运动中进行的。小学数学课堂教学中，一个精巧的提问能够给学生创设有效的思维空间，激发学生强烈的数学探究欲望，引起学生的认知冲突和认知结构的矛盾，启发学生去思考问题、研究问题，变被动学习为主动探讨，通过自己的思维活动和实际操作来解决问题，获取知识。在课堂教学中，无论是教师的设疑还是学生的质疑所产生的"悬念"，都是学生思维的"启发剂"，从而可以让课堂教学收到事半功倍的效果。

【例2】

某教师教学"平行四边形面积"，通过先前的教学活动，学生观察猜测平行四边形的面积，得出：关于平行四边形的面积，学生出现两种算法：底×高和邻边相乘。

师：这两种算法，你觉得哪种算法是对的？

师：为什么要用底乘高来算，能说说看吗？

……

（看方格图，检验对错）

师：看来同学们不清楚，没关系，我们来看看方格图就会知道。这里的1个方格边长1厘米，1个的面积就是1平方厘米，数数看，平行四边形的底是7格（也就是7厘米），高4格（也就是4厘米），邻边5厘米。仔细观察，你能看出这个平行四边形一共有多少个方格吗？怎么能很快速地看出来一共有多少个？（平移）你们想移哪一块？（课件展示）你现在看到了吗？怎么看的？说明$7×4=28$是正确的。那看来平行四边形的面积可以用底乘高来计算。

师：为什么要用底乘高来算，有什么好的方法可以解释解释吗？先想想，也可以同桌小声交流。

"实践出真知"，同学们手中都有平行四边形，还有一些工具，是不是正如你们刚才所说呢？接下来让我们用自己的双手证明平行四边形的面积是否等于底乘高。

师：谁能把操作的过程展示给大家看？

师：这样能证明平行四边形的面积等于底乘高吗？证明给我们看。

师：还有不同剪法吗？

师：大家的剪法看似不同，有相同之处吗？

……

第三，促进交流，锻炼思辨表达。教学活动是教师和学生共同参与的双边活动，师生之间、生生之间在教学中存在着大量知识和情感的交流。而课堂提问则是常用且有效的师生互动、双向交流方法。一个好的问题犹如一条纽带，会将师生间的认识和感情紧密联系起来，架起交流的桥梁。课堂有效提问能够激活学生思维，创设学生语言表达情境及相应活动，让学生逐步学会熟练组织语言，准确表达观点，有根据地阐述自己的思想，以促进学生思维辨析能力和表达能力的提高。

小学生对较复杂的事物的认识往往是单一的、零散的、不系统的。所以在回答问题时往往也是不完整的，一是表达形式不完整，二是表达内容不完整。此时，教师就可以通过精心地设计问题，促使学生完整地表达自己的知识获得过程，从而更好地理解、掌握知识。

【例3】

对于六年级"圆锥的体积"这一内容,教师采用了小组合作探究的方法测算体积。学生利用手边的量具、水和沙子等,探究求不规则物体体积的方法。在学生实验之前,教师给学生铺设语言阶梯,设计了以下几个问题:

"估一估,这堆沙子的体积约是多少?"

"你们组采用了什么测量工具?"

"是怎样测量的?"

"测量时出现了什么情况?"

"最后发现了什么?"

各组学生根据问题边交流边观察,在交流中不断实验,在交流中不断修整自己的语言。当实验结束反馈时,学生们根据老师提供的几个问题,一一完整地表述自己组实验前的预测、操作步骤、实验现象、解释现象,进而概括出实验结论。教师要创造一切机会,激发学生运用数学语言表达的兴趣,不断锻炼学生的数学语言,提高学生的语言表达能力,进而带动学生思维能力的提高。

第四,收集信息,及时反馈调整。通过教学提问活动,教师和学生可分别从中获得对各自有益的反馈信息,成为进一步调整教与学活动的重要参考。教师可以通过提问,了解学生对知识的理解程度,检查学生对所教的内容的掌握情况,探明学生在知识链条上的漏洞,甚至产生错误的原因,全面掌握学生的个别差异和个性特点,反省自己教学中的不足或错误等,然后灵活地调整后续的教学活动。同时,学生也可以通过答问,从老师那里获得评价自己学习状况的反馈信息,在学习中不断审视自己,改进自己的学习态度、方法、习惯等,使自己后续的学习活动更富有成效。

【例4】

"回忆一下,长方形面积怎样求?正方形面积呢?"

"谁能把你操作的过程展示给大家看?"

"今天我们学了什么?我们在探究新问题时用到了什么思想?"

"什么是垂直与平行?"

……

第五,能够激发学生瞬间顿悟。在课堂学习过程中,学生如果遇到困难,在茫然不知如何克服的时候,教师可借此提出问题,促使学生自己发现学习中的知识点与其内在的相互关系,从而使其顿悟,以此帮助学生克服困难,解决问题。

【例5】

一位教师在教学1000－356时,一位学生说:"我先用999－356算出结果,然后再加上1就是644。"此时班上许多同学还不太理解,教师追问:"你怎么想到要用999来减呢?"学生自豪地说:"因为999减任何一个三位数都不退位,算起来很方便。被减数是1000,只要把结果再加回1就可以了。"同学们豁然开朗,课堂上响起了掌声。教师抓住这一绝好时机,继续追问:"这样做有什么好处呢?""不需要退位。""运算简便。""可以提高准确率。"顿时,课堂气氛活跃了,学生的认知也在意外中得到了深化。

第六,能够有效形成一定的知识结构。教师如果要使学生将学到的新知识与旧有的知识很好地串联成一个整体,形成一定的知识结构,可以对此设计出各种类型的问题,使学生明白新旧知识的内在联系,从而产生良好的学习效果。

【例6】

教师在教学"平行四边形"时,为了加强学生对平行四边形的理解,对已经学习过的数学知识进行提问,进而让学生通过旧知识来吸收新知识,新旧知识合理安排,最后达成良好的教学效果。

师:我们已经学习了长方形、正方形,那么平行四边形和长方形、正方形有哪些特点相同?

生1:都有四条边,而且对边相等。

生2:对边不仅相等,而且相互平行。

师:回答得非常好,如此一来,我们就能够得出平行四边形的定义了,是一个对边相等而且平行的四边形。

第七，能够提高学生的理论评价水平。为了培养学生的批判性思维能力，教师通常可以设计出一系列这样的问题，要求学生对此问题提出自己的观点并给予评价，并让学生结合在现实生活中、在社会上、在学术上可能产生的影响，分别罗列其优点与缺点，这样就能逐步培养学生建立自己的理论评价体系，提高他们分析与解决实际生活问题的能力。

【例7】

在教学"三角形面积"时，老师设计了一个这样的问题，引发学生的思考。

师：两个面积相同的三角形一定能拼成平行四边形吗？（启发式提问）

生1：能！（态度坚决）

生2：不能！（立场坚定）

师：（微笑）到底能不能呢？请同学们拿出网格纸，这张纸可以折，可以剪。下面同学两人一组，进行验证。

（学生们分组进行操作验证）

师：通过验证，你们有什么发现？谁来说一说？

生1：（出示两个完全一样的三角形）这两个三角形面积相同吗？是不是拼成了一个平行四边形？

生2：（出示两个面积相同但形状相差很大的三角形）这两个三角形的面积也相等，但这两个三角形能拼成平行四边形吗？

（生1组沉默不语）

生2：那么你们还认定两个面积相等的三角形一定能拼成平行四边形吗？

其他的同学开始按捺不住了，举手发言。

生3：两个面积相等的三角形可以拼成平行四边形，也可能拼不成。

生4：如果是两个完全一样的三角形，就一定可以拼成平行四边形了！（他在"完全一样"上特别加重了语气）

理越辩越明，几个回合下来，大家就达成了共识：这句话错就错在"一定"上。如果一定可以的话，前面应该加上"完全一样"这个词。

总之，在上述的几种情况下，教师皆可适当地提出相应的问题，以启发学生的思维能力。这种思维方式，虽然没有创造性的行为，但可以为创造性思维能力的发展，培植良好的基础。

第二章 小学数学课堂的提问策略

第一节 教师学会提问是发展学生核心素养的需求

教师善于设疑、提问，是教师转变课堂角色，提高教学效率的关键，更是发展学生核心素养的需求。2016年9月正式发布的《中国学生发展核心素养》中以培养"全面发展的人"为核心，分为文化基础、自主发展、社会参与三方面。它的内涵指学生应具备能够适应终身发展和社会发展需要的必备品格和关键能力。"必备的数学品格和关键能力"中的必备，就是每个个体不可或缺的素养；关键能力就是新课标中所提到的十大核心概念（数感、符号意识、空间观念、几何直观、数据分析观念、运算能力、推理能力、模型思想、应用意识和创新意识）的要求。

核心素养对小学数学的教学提出了更高的要求，指明了学生培养的总体方向，就是为学生的终身发展奠基；促进每一个学生健康地成长为懂得担当、能够自食其力的合格公民。数学核心素养是基于数学的基础知识和基本技能实现的，并且外化为运用基础知识和基本能力解决问题的过程。同时，数学核心素养也促进学生对数学基础知识的深刻理解和数学基本能力的提升。

一、具有概括性的核心问题

在科学技术突飞猛进的时代，知识无论是其深度还是广度都在时刻发生变化，学生的学习也发生着变化，学习与真实世界和未来生活关联的必要性逐渐增加。就数学学科而言，当碎片化的知识习得不能满足新时代学习者的需求时，应舍弃烦琐而无法穷尽的"知识点"，在认识到事物之间普遍联系的基础之上，以结构化的模式构建各种具体内容。

如人教版五年级下册"复式折线统计图"一课，教材选用 2001 年至 2010 年上海死亡人口数这一富有现实意义的生活素材，让统计知识与生活密切联系起来，加强了数学与生活的联系，教给学生用数学的眼光看生活中的问题，渗透数据分析观念。

课的引入从师生谈话开始："国家出台了'二孩'政策，听说过吗？你们对此有什么想法？为什么国家要出台这个政策呢？"一系列的联系时事的问题，从学生身边的事入手，自然引出统计的知识。这不仅扩大了学生处理信息的范围，加强了数学与生活的联系，而且使学生充分认识体会到统计知识的作用。接着，学生根据统计表制作更直观的表达方式——复式折线统计图，经历数据的整理过程，在此基础上进行数据分析，发现上海 2001 年至 2010 年出生人口少，死亡人口多，从上海这 10 年的人口发展趋势看，出生人口数和死亡人口数的差距越来越小，用"出生人口数－死亡人口数＝人口自然增长数"，看出上海人口增长已经出现负增长，进入老龄化状态。通过对这组数据的统计与分析，学生体会到了为什么国家要出台"二孩"政策。再播放视频短片，感受北京 1949 年至 2014 年人口变化趋势（见图 2－1），与各个阶段国家人口政策的出台的关系，体会统计的实际应用价值。

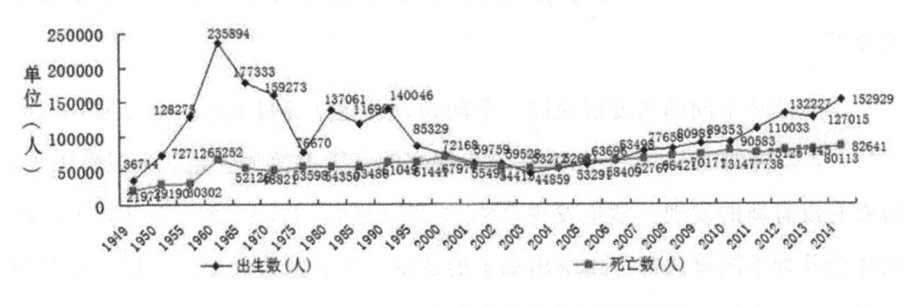

图 2－1 1949—2014 年北京市人口变动趋势

本课的设计初衷，把复试折线统计图这一数学知识提升为数据分析观念，现实的情境是课堂教学基调的物化元素，数据分析观念是培养孩子从统计规律看问题，体会到在理性的世界里，所有的判断都基于统计学知识。

二、具有永恒性的本质问题

要发展学生核心素养，课程教学就要改变传统的知识学习方式，变成协作学习，将知识变成学生探究与实践的对象。

如人教版四年级下册"等号的再认识"一课，重要的教学目标是等号代数意义的初步渗透，核心目标是丰富等号的含义，淡化一看到数字就想算的感觉，建立"左边＝右边"符号两边的量相等的思维（对五年级学习方程有重要的作用）。课的引入通过跷跷板这个生活原型激活思维，使天平作为相等关系的支撑，帮助孩子理解等号的代数意义。本节课的教学难点是，学生以直观为主的思维方式，理解数学的抽象本质，这是巨大的挑战。为突破难点，教师设计了课堂活动二：找"相等关系"的例子。借"天平"表象作为支撑，学生利用已有学习经验作为探究素材，从不同的角度表示同一事物，构建出相等的式子。即等号在逻辑上表明一种等价关系。

材料1：左右两边用不同的计量单位表示正方形面积，1平方厘米＝100平方分米，正方形面积相等。

材料2：不同方法计算长方形的面积，如 $3 \times 4 + 5 \times 4 = (3+5) \times 4$，而且通过观察，发现算式符合乘法分配律。

材料3：低年级研究过的一道多种方法解决问题——"一共有几张桌子？"

学生能从不同的角度解决同一个问题，并建立等量关系。如 $2 \times 5 + 3 = 3 \times 5 - 2$，再如 $10 + 3 = 9 + 4$。在学生探究的基础上教师引导学生观察比较，看看有没有新的发现。学生发现 $2 \times 5 + 3 = 9 + 4$，$3 \times 5 - 2 = 10 + 3$ 等，从而体会几种不同算法都可以求出桌子的数量，左右两边的地位一样，左右两边可以进行交换，用等号连接表示左右相等。

材料4：解决"小明家和公园相距多少米"的问题。爸爸和小明行走的速度不同，行走的时间不同，但都走的是从家到公园这段路程，从而得到 $60 \times 9 = 90 \times 6$。

以上提供的4个学习材料，为学生的自主学习提供了充分的素材。学生运用已有知识举例，体会天平的两个托盘可以看作两个大箩筐，只要平衡什么都可以装——计量单位、面积大小、常用数量关系、运算律、多种方法解决问题等，进而从中找到相等关系，并用等号连接。这一活动的设计，最大的突破是从"数等于数"到"式等于式"，这是算术思维向代数思维转换的一个标志，以直观的方式体会数学本质，形成数学思想。多种学习材料的选取与交流，让知识学习成为集体创造知识的过程，学生在这一过程中也能够积累活动经验。

"知识＋实践＝素养"，在学生实践的过程中，四年级学生对"单个数量相等——同样多"理解起来很轻松，但随着年级的升高，等号所具有的"等价关系"的含义却较难随之拓展和提升。学生在接触"恒等式"和"方程"的初期常常遭遇思维障碍，需要较长的思维过渡期才能适应等号含义的新变化。

三、具有普遍性的真实问题

学科核心素养的培养与发展，离不开情境学习。基于真实的、现实世界的任务而学习，即指将知识与真实的、现实世界的情境连接起来学习，这样才能让知识得以创造，素养得以发展。

如人教版四年级下册"平均数的认识"一课，感受平均数在生活中的作用这一环节，从新华网的一则新闻——北京市发改委今天下午发布了公共交通价格调整听证方案，展开"儿童免票线"的话题讨论。儿童乘车免票身高由1.2米提高至1.3米。"北京儿童乘车免票线可以说是长了又长，儿童免票线为什么要调整？它是怎样确定的？"

一系列相关问题的出现，引发学生发现要进行数据的收集，即调查许多6岁儿童的身高，再进行数据的分析计算——6岁儿童的平均身高，最后根据计算的结果做出决策——儿童乘车免票线。在数据收集的过程中，让学生体会不可能测量所有6岁儿童的身高，而是随机选取，选择的人越多范围越广，计算出的6岁儿童平均身高就越合理，对于政策的制定参考价值也会越大。从而体会到平均数的作用真是不小，连身边享受的优惠政策都需要参照借用平均数这一数据。"儿童免票线"的话题讨论，可以说让学生经历了数据收集、整理、分析、决策全过程。

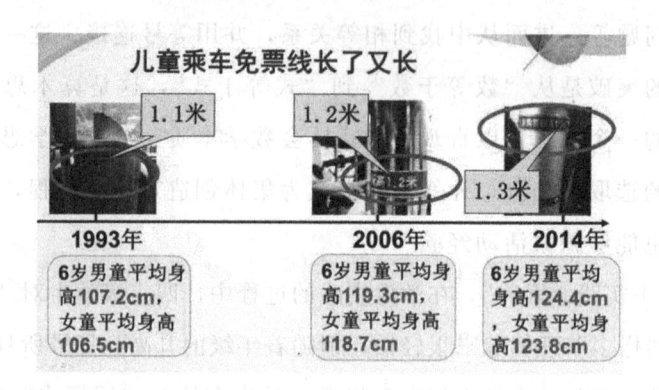

儿童乘车免票线长了又长

1993年	2006年	2014年
1.1米	1.2米	1.3米
6岁男童平均身高107.2cm，女童平均身高106.5cm	6岁男童平均身高119.3cm，女童平均身高118.7cm	6岁男童平均身高124.4cm，女童平均身高123.8cm

课标中指出：数据分析观念包括了解现实生活中的许多问题应当先做调查，收集数据资料，通过分析做出判断，体会数据中蕴含信息。数据分析是统计的核心。正如教科院基教研中心张丹老师所说，"将统计的思想融入平均数的教学是教师教学设计的初衷。"基于真实的、现实世界的任务的学习，提供给学生的不仅仅是知识的养分，更重要的是数学思想的养分。这就意味着促进素养发展的知识学习需要与多样化的情境相联系，突出数学的本质特征，使其迁移性获得最大化。

在不断地学习、实践、反思中，"有疑才会有问，有问才会有思，有思才会有学"。教师学会使用基本问题提问的技巧，高效、智慧地激发学生学习的主动性，深化学生认知与学习的参与性，使学生在真实的问题情境中，产生求知的广泛性，足以说明有效的课堂提问是教与学成功的关键。

第二节 课堂提问的有效性

一、课堂提问有效性的特征

在教学过程中，课堂提问是一项设疑、激趣、引思的综合性教学艺术。它是联系老师、学生和教材的纽带，是开启学生智慧之门的钥匙，是信息输出与反馈的桥梁，是引导学生一步步登上知识殿堂的阶梯。因此，课堂提问的有效性应具有以下特征。

(一) 科学性

科学性的前提是了解学生，吃透教材。教师要充分了解学生的年龄特点与他们的认知水平，即正确认识学生并科学地估计他们的知识和智力水平，真正做到从学生出发。

此外，教师要熟练掌握教材内容，理解其深刻内涵。教师提问的语言要规范，简明扼要，针对性强，提问就要做到科学得当，有效地激发学生思考的积极性，活跃课堂气氛，提升学生的智能水平。如果提问不当，就会造成启而不发的局面，最后还是变成教师自问自答。

(二) 启发性

好的提问应该富有启发性，应该是把注意力放在激发学生的思维过程上，而不应该急促地迈向结果。

启发性的另一个重要方面是教师的问题要能引发学生提出新的问题。著名科学家爱因斯坦说："学生提出一个问题，往往比解决一个问题更重要。"因此，教师应鼓励学生自己去揭示问题、探索知识和规律，体会一个探索者的成就，让学生获得自主探索的成就感。

对于启发性的提问，教师可以结合学生已经学习的知识内容，一步一步地深入提问，让学生能够在教师的引导下，不断扩展思维，将学习过的知识综合运用，最后给出合理的答案。如在讲授角的知识时，教师进行提问："角是由什么构成的啊？都有什么样的角呢？不同角的度数范围是多少？角的度数能超过360度吗？为什么？"

(三) 创造性

创造性指教师应关注学生的逆向思维和发散思维，关注学生情感、态度等方面的反应，提出的问题要能产生"一石激起千层浪"的效果。

创造性应是有效性中含金量最高的指标，是培养学生求异思维和创新品质的灵魂。教师所提出的问题应是开放性的，不是封闭性的，不要只有一个标准答案。因为这样的问题常常带有假设性，会给学生广阔的思维空间，引导学生从不同的角度对问题进行分析、思考，使他们保持对问题的兴趣，从而活跃学生的思维，使他们产生多向联想，多方面地思考，提出自己独特的见解。同时，通过对发散出来的想法的分析、比较、综合，又可实现思维的优化。

【案例】

教师在讲授平行四边形的时候，对学生进行了如下提问。

师：平行四边形和长方形有什么区别呀？

生：长方形的角是直角，平行四边形的不是。

师：那么可以说长方形是特殊的平行四边形吗？

生：可以。

师：根据学过的知识，你们还能列举出哪些特殊的平行四边形呢？

(四) 适度性

适度性是指要把问题提得准、提得富有启发性。《学记》中"善问者如攻坚木，先其易者，后其节目"，讲的就是这个道理。问题过易或过难，都会使学生产生厌烦或压抑的心理。

怎样的提问才算是适度呢？有位教育家说得好："要把知识的果实放在让学生跳一跳才能够得着的位置。"这个比喻生动而准确地告诉我们：课堂提问既不能让学生有望而生畏之感，又不能让学生有不动脑筋就能轻易答出的懈怠。要让学生感到"三分生，七分熟，跳一跳，摘得到"。适度的提问能激发学生的好奇心、求知欲和积极的思维，促使学生通过努力取得良好的成果。只有这样，学生才能感到由衷的喜悦，从而增强学习的信心，保持对学习的兴趣。

如教师在讲数的时候，应提问："什么样的数是自然数？什么样的数是整数？它们之间有什么区别？是谁包括谁？"

(五) 适时性

孔子说："不愤不启，不悱不发。"当学生处于"愤""悱"的状态时，教师的及时提问和适时点拨，能促使学生积极热情地投入到学习活动中去；

在学生"心求通而未得""口欲言而未能"时，教师要尽可能恰当地从不同的角度提出一些新颖的问题，激发学生"学而知不足"的求知欲，调动学生积极思维的主观能动性。当学生自己推敲出新知识的结论时，教师就会感到无限的欣慰。如教授圆柱体的体积时，可结合学过的知识进行启发，让学生在提问中掌握圆柱体体积的求法。教师可以提问："我们学过长方体的体积求法，是什么？那么圆柱体的体积和长方体的体积是不是有着类似的求解方式呢？"

（六）适量性

适量性指恰到好处地掌握提问的频率。问题的设置应疏密相间，要留给学生充分思考的时间和空间。一节课不能提问不断，否则学生无法冷静有效地思考，反而破坏了学生对学习的兴趣。因此，每一个提问后，教师都要有一定的停顿时间，以符合学生的思维规律和心理特点，促进学生积极思维，使他们对问题考虑得全面周到。如教师在讲授乘法时，进行提问："乘数和被乘数有区别吗？能否进行互换呢？取得的积有变化吗？"

（七）鼓励性

鼓励性的问题有助于创设一个平等、民主、宽松活跃的课堂气氛。在这样的气氛下，学生的思维会空前活跃，其学习兴趣、求知欲望和思考的积极性会异常高涨，学习自信心十足。

求知欲是进行创造性活动的原动力，学生主动求解的内在动机一旦被激发，就有了创造的意图和同化新知识的愿望。

二、课堂提问有效性应注意的问题

在实际教学中，对于课堂提问有效性的特征，有些教师掌握得很好，善于发问，课堂气氛活跃，学生的学习积极性很高，但有些教师却因为对课堂提问有效性的特征认识不够，提出的问题往往既不能激发学生的兴趣，也不能引起学生的思考。

那么，教师应该根据什么原则设置问题呢？

一些教师对此的把握是模糊的、随意的，提问缺乏思考的价值或缺乏探究性，不能引发学生的思维活动，事实性提问的比例较高，让学生独立思考、答案开放，或让学生进行分析、评价的问题比较少；有些教师的提问缺乏艺术性，由于问题过于呆板、机械或者语言表达缺乏艺术性，学生很多时候成了"应声虫"，异口同声地答"是"或"不是"；还有些教师提问的深度把握得不准，有些问题过于浅显不能反映思维的深度，而有些问题过于深奥使学生不知所云，不能引发学生积极地思考，挫伤了学生的积极性；也有些教师的提问缺乏互动性，几乎没有为学生留出回答的时间，也几乎没有引导学生主动地提出问题，而教师反复重述或打断学生发言的现象也较普遍存在。

所以，为了做到提问的有效性，教师在日常教学活动中应注意以下五点。

（一）所提问题应具有一定的开放性

封闭性的提问，以"是"或"不是"来回答问题，学生在回答问题的时候就会不假思索，并带有猜测的成分，因为回答"是"或"不是"都有50%的正确概率。所以教师在设计问题时，一定要具有开放性，让学生可以从不同的角度去思考。

（二）所提问题应具有一定的针对性

教师所提问题的内容应包括学习的重点、难点、热点。教师要围绕这些内容认真地设计问题和巧妙提问，充分调动学生的思维，拓展学生的视野。只有抓住重点、突破难点、联系热点的提问，才能提高课堂效率，才能激发学生不同角度的思维，从而拓宽学生的知识面，提高学生的科学素养。

（三）提问时要注意对象的层次性

课堂提问要以学生为本，兼顾全体学生。所谓"深者得之深，浅者得之浅"，均有所收获。教学是一个循序渐进的过程，要求老师在筹划课堂提问时必须抓住教材的整体要求，结合学生的认知水平，使提出的问题按知识点的难易级差递升，体现一定的坡度和有序性。

为了使问题呈现一定的层级，教师要对学生已有的知识进行诊断，了解学生相关的知识储备，以使问题能和学生独特的认知结构联系起来。而把一个大问题分解成若干个小问题的时候，教师尤其要注意各个小问题之间的层次，要让学生明白这样分解的理由，并能自然地把各个阶段的解决策略串联起来，从而解决原问题。此外，教师还应了解学生的个性，对不同个性的学生提不同的问题，做到因人施教。

(四) 所提问题应具有一定的探究性

为培养学生的创造性思维，教师所提的问题应有一定的探究性。通过问题的设置，引导学生多角度、多途径地寻求解决问题的方法，培养学生思维的发散性和灵活性。在学生解答完教师提出的问题后，教师还应留下具有生活化又赋有探究性的空间，让学生利用课余时间进一步去探究。

(五) 对提出问题做出恰当评价

教师提问后，对学生的回答应当做出适当的评价。教师的评价是极为重要的，它对于保持学生学习的积极性，让学生了解自己的学习情况，提高提问的效力都是必不可少的。否则就会流于形式，使学生无所适从。

有效性评价可分为两种形式：一种是激励性评价，另一种是否定式评价。新课标强调激励性评价，但也并没有摒弃否定式评价。如果教师一味地表扬和迁就学生，对学生出现的错误不敢正视、不敢批评，这将是非常糟糕的。所以，教师应将激励性评价和否定式评价有机地结合起来，并注意方法和方式，以关心、爱护和理解学生为出发点，以不伤害学生的自尊心和不打击学生的创造性、积极性为前提，以学生能接受的方式为突破口，这样才能达到有效评价的效果。

课堂提问，既要讲究科学性，又要讲究艺术性。好的提问，能激发学生探究问题的兴趣，激活学生的思维，引领学生在知识的王国里遨游。但好的提问，需要老师做有心人，把问题设在重点处、关键处、疑难处，这样才能使问题有效，并充分调动学生思维的每一根神经，极大地提高课堂的教学效率。

三、实施课堂提问有效性的具体方法

课堂教学的主要目的是使学生获取知识、形成技能、训练思维，而课堂提问是实现这一目标的主要手段，因此，教师应提高课堂提问的有效性。那么，该如何提高课堂提问的有效性呢？

(一) 精心设计课堂提问点

一是根据学生的兴趣点进行提问。所谓兴趣点，就是能够激发学生的学习兴趣，集中学生的注意力，促进学生理解的知识点。抓住学生的兴趣点提问犹如"一石激起千层浪"，激发起学生的求知欲，让他们沉浸在思考的涟漪中，成为"好知者"；又如"柳暗花明又一村"，让学生在探索顿悟中感受到思考的乐趣。

二是抓住知识的疑难点提问。学生学习的疑难点也是教学的重点和难点，抓住疑难点提问，就是要突破教学的重点和难点。

三是抓住思维的发散点提问。培养学生的创新能力，是新时期对人才的要求。创新能力的培养要在求同思维的基础上，强调并重视求异思维、发散思维的训练，让学生尽量提出多种设想，充分假设，沿着不同的方向自由地探索和寻找解决问题的各种答案。

(二) 把握提问的时机

提问时机主要指提问的课堂时机和提问后的等候时间。所谓提问的课堂时机，一是学生的学习情绪需要激发、调动的时候；二是学生的研究目标不明、思维受阻的时候；三是促进学生自我评价的时候。

而有些教师在提问后，常常缺乏等待的耐心，总希望学生能对答如流。如果学生不能很快地做出回答，教师就会重复这个问题，或重新加以解释，或提出别的问题，或叫其他的同学来回答，根本不考虑学生需要足够的时间去思考、去形成答案并做出反应。

有研究表明，如果教师在提问后能等候一段时间，那么他们的课堂将出现许多有意义的显著变化：学生会给出更详细的答案；学生会自愿地给出更好的答案，拒绝或随意回答的情况就会减少；学生在分析和综合的水平上的评论就会增加，他们会以更多的依据为基础做出有预见性的回答，而他们的成就感也会明显增强。

因此，教师在课堂上不能"随意问"，更不能"惩罚问"，而要把握提问的时机。在提出问题后，要给学生思考的时间，这样才能有好的课堂反应。

(三) 选好提问方式

提问的方式从内容角度说是指问什么样的问题，如：知识型问题——什么是自然数？理解型问题——用自己的话说说这个应用题是讲什么的？应用型问题——你能想办法算出校园中的树干的半径吗？分析型问题——能给同学们说说你是怎样想的吗？综合型问题——根据"三角形的稳定性"，你能对生活中的物品进行改进吗？说说改进的方案及理由。评价型问题——这种做法你喜欢吗？说说你的理由。所以，老师应根据实际情况灵活选择提问的方式。

(四) 及时对学生的回答给予反馈

有的教师对学生回答的对错与否不做评价，马上又提出第二个问题叫学生回答，或者评价含糊其词，使学生如坠云雾，摸不着头脑；或者只说缺点，不说优点；或者过早地把答案告诉学生，代替学生思考。这些都是不正确的做法。

正确的做法应当是，在学生经过思考、回答后，老师给予客观的、鼓励性的评价或必要的指引。

(五) 优化提问的情感氛围

作为课堂气氛创设和保持的主导者，教师应该努力做到：

保持良好的提问心境。良好的提问心境，应该是教师愉快教学，自觉确立强烈的学生主体意识和"问"为"学"服务的提问观。教师在提问时既要考虑怎样教，更要考虑学生怎样学，把为学生服务作为提出问题的出发点，使所提问题成为实现"学"为主体的保证，让学生享受到自主探究、思考和发现的乐趣。

当学生的回答欠佳时，教师要以宽容、体谅的态度启迪他们，引导学生更深入、更细致地思考，努力培养学生积极的答问心理，形成民主、融洽的师生关系。

尊重学生的提问权。学生是一个个有着丰富而细腻思想的人，每一堂课中他们都会产生一些想法或疑惑。由于学生的自制力较弱，这些想法或疑惑一经产生，便急欲一吐为快，否则即会形成一个个思维干扰。学生是学习实践活动的主人，教师要允许学生质疑，热情地为他们创造吐露思想的机会。对于学生的质疑，教师要在态度上给予鼓励，方法上加以指导，让学生在教师亲切、赞赏的言行中产生强烈的思维意向，积极进行思维活动。

（六）优化提问的思维氛围

消除学生的畏难情绪。设疑、解疑的目的是要使学生实现智力和知识中的"现有水平"向"未来的发展水平"的迁移。因此，问题总有一点难度，就会造成部分学生的畏难情绪。激发这部分学生的积极思维，首先要消除他们的畏难情绪。教育学家第斯多惠说："教学的艺术不在于传授的本领，而在于激励、唤醒、鼓舞。"消除学生的畏难情绪，培养他们的答问积极性，教师至少有两种策略：一是激发学生的好奇心和求胜心。心理学上称好奇为直接兴趣，求胜则是学生的天性，二者都是学生学习的内驱力，是思维的正诱因。二是热情鼓励。教师在提问时适当运用"说说看""勇敢地谈谈自己的看法""说错了没关系"等鼓励性语词，可消除学生回答问题时的一些心理障碍，诸如害羞、畏难等。对于后进生，教师还可用一些浅显的问题，使他们体验成功的喜悦，增强他们对学习的信心，推动他们积极的思考。

所提问题具有适应性，要面向全体学生。课堂提问的设计以学习成绩中上等学生为基点，兼顾优、差生。无论哪个班组，都存在"中间大，两头小"的现象——中等生占绝大多数。所谓面向全体学生，即课堂提问要求能使全体学生都能参与思考，不应该只针对少数尖子生，而要使全体学生特别是差生都有被提问的机会，使提问具有普遍性。课堂提问时，中等生回答的机会多一些。因此，教师的提问要以中上等学生的水平为主，使中等生经过思考后能够回答出来。为了适合优、差生的特殊需要，教师可将某些问题做一些深化，将某些问题分出层次，以便在课堂中分别向优、差生提出。例如，对优秀生提问时要提有一定难度的问题，如理解性的、发散性的、综合性的问题，激励其钻研；对中等生提问时则以一般性问题为主，以帮助他们掌握、巩固知识，提高学趣，培养良好的思维情绪；而对后进生提问宜问一些浅显的问题，如简单判断性的、叙述性的、比较直观的问题，并设法创造条件启发他们思考，使他们在成功中勃发思维的激情。

问题要有启迪性。问题要有启迪性，即所提的问题要能激发学生思考、探索的兴趣。具有教育意义的问题能针对学生的实际，对学生的言行有潜在的影响。教师不要讲完什么后都问"对不对""是不是""懂不懂"，这样的提问效果平平。

思维是智力的核心，有效的课堂提问是进行思维、语言训练，提高学生学习能力的一种有效的教学方法。作为老师，通过科学的课堂提问，多角度、多层次地调动学生学习的内动力，加强教与学的和谐互动，能极大地提高教学的有效性。

当然，课堂环境的多变性，也会使实际的课堂提问活动表现出更多的独特性和灵敏性。教师只有从根本上树立课堂提问的正确观念，在实践中充分发挥课堂提问的灵活性与有效性，才能事半功倍，更好地达到自己的预期目标。

第三节 把握好提问的尺度

一、提问适度性

提问的适度性包括如下几种。

第一，问题难易适度。难易适度是指在设计课堂提问时应把握分寸，教师应注意在不同的环节上设置问题的难度要有差别，尽量使每个层次的学生都有机会回答问题，而对同一个知识点的提问应注意设置问题的梯度，由易到难。

第二，提问时机适度。首先是从教学内容方面来看，教师要选择合适的知识点和知识点的适当视角作为提问的切入点。其次是从课堂教学的时间上把握，应选择合适的提问时机。及时的提问往往可以收到意想不到的效果，上课开始时的提问可以集中学生的注意力；上课过程中的提问可以疏通和理顺学生的思路，引导学生的思维方向，开阔学生的思维视野；而课尾的提问可以消除学生的疲劳和麻痹心理。

第三，问题数量要适度。也就是提问应适量，即教师在提问时要抓住知识的关键和本质，能用一个问题解决的就不提两个问题；能直达主旨的就不绕弯子，坚决克服和摒弃"满堂问"的形式。

课堂提问是师生信息双向交流的过程，恰当的课堂提问能激发学生的兴趣，启发他们的思维，提高课堂教学效率。所以，教师应掌握提问的适度性原则。

二、如何把握提问的适度性

提问要"适度"，就是指教师要正确地估计学生的学习潜力，使问题接近学生智力的"最近发展区"，而不是高不可攀或是烦琐浅显地提问，所设计的问题应该是让学生努力思索一下就能够想出来的。因此，教师在教学时要把握课堂提问的"度"，要善于在"度"的多层次中选择最佳的切入点，这对搞好课堂教学有着十分重要的意义。

那么，怎样才算提问"适度"呢？

（一）提问要有导向性

提问必须指向明确，不能含糊其词、模棱两可，否则提的问题学生将不易作答。如一位教师在教"面积"的概念前，先复习"周长"的概念。这时教师问："课桌面的周长是哪个部分？课桌面是哪个部分？"结果学生回答这两个问题都是用手一摸桌面了事，可见学生回答得不太理想。

这时，该教师觉得问题缺少导向性，就马上改问："课桌面的周长是哪几条边的和？课桌面是哪个部分？"至此学生认识周长就集中在"几条边"这个要点上，较好地分清了"周长"与"课桌面"这两个不同的概念，提高了学生思维的"效益"。

（二）提问要有启发性

一个好的提问，必须是能启发思维的、富有智能训练价值的。因此，提问切忌简单化，一般来说，学生通过自己阅读思考能理解的内容，就不必再提问。

（三）提问要有剖析性

教师在进行课堂提问时，应该对课堂知识进行深入剖析，使学生对已经学过的知识进行深刻思考和灵活运用,这样才能对教师的提问给出正确答案。如教师在讲分数的时候,可以这样提问:"如果将分数的分子和分母都乘以同一个数,得到的分数和原分数相等吗?"

(四)提问要有展开性

教师为了让学生更好地理解所讲的课程内容,应该在提问时进行拓展,使学生能够对所学知识进行回顾和加深认识,以合理的解释回答教师所提出的问题。如教师在讲解质数与合数时,应该进行展开性提问:"同学们已经了解了质数与合数的概念,那么是否所有的整数都是质数与合数呢?能举出反例吗?为什么?"

(五)提问要有系列性

课堂提问应该要让学生对以往所学知识进行举一反三,这样才能加强学生对知识的掌握程度。因此,教师一定要让课堂提问具有系列性,即提出的问题应该为后续问题做铺垫。如教师在讲平行四边形的面积时,就可以如此提问:"平行四边形同三角形有什么联系呢?能否利用三角形来求平行四边形的面积?"

总之,课堂提问是一门艺术,教师在设计教案时,应时刻想到在哪些地方需要提问、提问什么、怎样问、抽哪类学生问、什么时间问等。只有充分重视问题设计的适度性,并不断优化,才能使学生在轻松、高效的课堂中学到更多的知识,学会更多思考问题的方法。

三、实施课堂提问适度性的方法

课堂提问是常用的教学手段之一,要使提问真正收到满意的效果,不仅要做到提问具有整体性、启发性、科学性、针对性、趣味性、灵活性和面向全体性,而且还要做到适时、适度、适量。那么教师要怎样控制提问的适度、适时、适量呢?

(一)问题难度的控制方法

难度也就是指问题的深度和广度,适当就是问题要切合实际。从提问的内容上要求,必须先易后难、由浅入深、化难为易、循序渐进,要有一定的层次性。即教师在提问时，既要有一般水平的提问，表现为对教材内容的认识（回忆和再现）、理解（用自己的语言表述）和应用（解决简单的问题），也要有较高水平的提问，表现为对教材内容的综合、分析和评价。

教师要根据教学的需要，针对学生的实际，由表及里步步深入设问，激起学生的内心活动，启发学生想问题，并善于改变设问的角度，以提高课堂的价值。

教育心理学研究表明，当问题所要求的知识与学生已有知识没有联系（这种"联系"指的是有意义的、本质的联系，而不是字面上的联系）时，这个问题就太难了，学生很难回答；当问题所要求的知识与学生已有知识有联系，但又有中等程度的分歧时，那么它对集中学生的注意力、动员学生积极思考最为有效，因为这样的问题难易适当，学生通过学习可以回答。

根据以上原理，教师在设计问题时应注意两点：

第一，应该把问题设计在学生已有知识的基础上，先易后难，逐一解答问题。

例如，在讲授三角形时，老师可设计三个问题——"什么样的图形是三角形？""三角形的内角和是多少？""三角形的面积怎么求？"

解决这三个问题的难度是依次增加的，而这三个问题都设立在前一个问题的答案基础上，当解答出前一个问题之后，学生的"已有知识"就扩大了，后一个问题所要求的知识就可与学生的"已有知识"建立起联系，解答后一个问题就比较容易了。

第二，对于难度不同的问题，应让不同层次的学生来回答，使每个回答问题的学生都必须"跳起来才能摘到桃子"，从而达到启发学生积极思考的目的。教师要注意的是，提问设计的难度要符合学生的实际水平。教育测量中的"难度"概念为提问提供了数量依据。

就问题本身而言，还可以分为不同的级别。心理学家把问题从提出到解决的过程称之为"解答距"，根据"解答距"的长短把问题分为四个等级："微解答距"（看书即可回答）、"短解答距"（课文内容的变化或翻新）、"长解答距"（综合运用原有知识解题）、"新解答距"（采用自己的特有方式解题）。提问的目的在于开拓学生的智能，但也不能脱离学生的实际能力，提出有难度的题目，使他们望"题"兴叹，视为畏途。

问题深度的选择应根据彼时彼地学生解决问题的水平，选择适宜的角度进行提问，使学生的思维在"发散"与"集中"中向一个又一个"最近发展区"前进。

(二) 提问的时机控制方法

所谓提问的最佳时机就是使学生的新旧知识发生激烈的碰撞，使学生意识中的矛盾被激化。教师在课堂提问时必须捕捉到时机，才能引起学生的兴趣。而问题一旦解决，他们就会有攻克堡垒后的快感。

在教学中，有些教师或是先叫学生后发问，或是发问后紧接着叫学生回答。这样不仅没有思考的时间，而且也没有面向全体学生，影响学生的积极性，妨碍学生思维的和谐发展。

在课堂提问中，应该先提问，根据提出问题的难度留出适当的时间让学生思考，然后叫学生回答。教师提问的时间要根据需要确定，切不可形成固定的僵化模式，总是在讲课前"复习提问"。问题提出后，也要给学生留下思考的时间，不同的问题还要选择不同的回答对象，既要考虑学生发言的机会均等，又要不给差生"出难题"，伤害学生的自尊心，或给优生"出易题"，让他们失去回答问题的兴趣和信心。

教师在教学中不仅要具有驾驭教材、了解学生、优选教法的功夫，而且要有善于根据教学中的信息反馈，审时度势不失时机地进行课堂提问的能力。课堂提问时，教师可以选择很多时机进行提问。

(三) 提问的适量控制方法

教师的提问要精，对于每一个教学内容不一定都能提出启发学生思维的问题，如果教师非要提出几个问题，使问题有难有易、有大有小，则难难易易、大大小小的问题凑在一起必然会把主要问题淹没，就会产生混淆教学重点、模糊学生认识的作用。因此教师在提问时要把握住时机，要少而精，要切中要害。

例如，在讲授新课时，教师应围绕教学的要点提问；在实验教学时，应

33

从实验原理、实验现象、操作方法的相互关系中提出问题；在复习时，应从知识的规律性、易混淆的知识点方面提出问题。概括地说，教师不能把提问作为唯一的教学方式，而应该根据教学情况，灵活地采用提问、讨论、讲解等多种教学方式，这样才能收到良好的教学效果。

此外，对于精心设计出来的问题要做全面、深刻的讨论，要使它贯穿课堂的始终，真正使问题成为学生从已知到未知的向导。要防止对问题简单处之而只作为讲课主题简单陈述。

那么如何做到课堂提问"适量"呢？这取决于教师对教材的重点、难点及知识的训练项目了然于心后，考虑用什么技巧和策略来提问。在设计课堂提问时，教师要注意运用归纳和合并的方法，尽可能设计容量大的问题，以提高学生思维的密度和效度。

总之，在提问时，只要教师紧扣教材，突出重点，选择好问题的难易程度、适量性以及提问的最佳时机，精心设计，就能培养学生良好的思维品质，在有限的时间内取得最佳教学效果。

第四节 提问要平等

平等原则就是说提问时要面向全体学生，即要充分体现"学生为主体"的教学思想，调动每个学生思考问题的积极性，让全体学生参与教学过程，让每一位学生都有回答问题的机会，体验参与和成功带来的愉悦。

一、产生课堂提问不平等的原因

课堂提问是教师传授知识的一种教学方法，教师通过提问能及时了解学生的思维方式和知识的掌握程度，从而调节与优化教学程序。同时，课堂提问对教师把握教学进度起着决定性的作用，在很大程度上决定着教学任务能否完成。

正因为如此，有些教师在平时上课时，总喜欢让好学生回答问题，很少提问差生，生怕差生万一回答不出来会浪费时间，导致课堂教学任务来不及完成。而有些教师在上公开课的时候更是如此，这是需要一些好学生来撑场面的时候，教师怎么可能让回答不出问题的差生来丢自己的面子呢？这其实是很多教师的共同心理，但这种心理倾向只能带来一时的表面成功，长此以往必会造成不良的后果。

之所以出现教师喜欢提问好学生、冷落差生的现象，究其原因莫过于两点。

一方面是学生自身的原因。差生相对来说头脑反应慢或基础差，课堂上没有足够的时间让他们充分地思考。由于他们获得回答问题的机会极少，逐步形成惰性心理，更导致他们不积极思考，同时怕因回答不出或答错问题而挨老师的批评，有时甚至遭到同学的嘲笑，因此刚开始的那种勇于思考的热情就会慢慢熄灭，回答问题的积极性也被扼杀。久而久之，他们也就习惯于上课做一名"旁听生"，常常把答问的机会让给发言积极的同学。

另一方面是来自教师的偏向性。教师为了取得良好的教学效果，顺利完成教学任务，对于提问只是走过场，总是叫那些反应较快，跟得上老师思路的好学生，偶然也提问那些所谓的"差生"，而那仅是一种可有可无的陪衬。

这样一来，好学生每次答对都受到表扬，于是越学越有劲，成绩也随之提高，而"差生"很少得到表扬的机会，于是越学越乏味，学习兴趣低落。如此循环往复，"差生"与"优生"的距离越拉越大，造成严重的两极分化现象。

二、如何做到课堂提问平等

怎样才能改变这种不良现象，最大限度地发挥课堂提问的作用呢？

(一) 唤醒每一位学生参与问题的意识

教育家苏霍姆林斯基说："要唤起那种无动于衷的学生，把他们从智力的惰性状态中挽救出来，就使这个学生在某一件事情上，把自己的知识显示出来，在智力活动中表现自己和自己的人格。"

针对学生在课堂提问中的惰性状态，教师可以让学生利用课余时间参与课堂提问和提高成绩的关系的讨论，并要求人人写一份心得体会。

其实，大部分学生都能认识到上课踊跃答问是促进思维发展、培养口头表达能力、提高自身综合素质的一条重要途径，应该重视而不是忽视，只是他们不知道该怎么回答好老师的问题。对此，教师可以再次让学生讨论，并以书面总结、口头朗读等形式在班上交流，做得好的介绍经验，做得不够的谈改进办法。

通过多次这样的讨论，原先回答问题积极性不高的学生都会发生或大或小的变化。有位数学老师在班里实施了这个方法，效果很好，大部分学生的参与意识都被唤醒了。有一位学生在日记里写道："在一次数学课上，老师喊我回答问题，我满脸涨红，吞吞吐吐地说着，不知道自己说的是什么，在老师的点拨和同学的提醒下，我还是答出来了。当时数学老师说我讲得很好，很对，我用欣喜而又怀疑的目光看着老师，'我真的回答得很好吗？'经过这次提问，我开始变得胆大、活跃了。由原来被动回答到现在的主动回答，我深深爱上了数学这门学科。"

一次偶然的提问收到如此效果，它的意义远远超过了引导学生答出问题。它说明，学生潜藏着极大的思考热情，关键是教师要有信心、耐心去激发、点燃学生心中的智慧之火。

(二) 让每一个学生都感受到教师的爱

教育家夏丏尊先生说过："教育之没有情感，没有爱，如同池塘没有水一样。没有水不能称其为池塘，没有情感，没有爱，也就没有教育。"英国哲学家罗素也曾说过："凡是教师缺乏爱的地方，无论是品格还是智慧，都不能充分自由地发展。"造成后进生学习成绩差的一个重要原因就是他们缺少教师的爱。

俄罗斯有句谚语："漂亮的孩子人人喜爱，而难看的孩子才更需要爱。"因此，教师在课堂提问上对优秀生和后进生一定要一视同仁，让后进生感受到自己在老师心中仍占有一定的位置，他们已经引起了老师的注意，老师已经发现了他们，并且重视他们，他们和优秀生一样得到了老师的爱。这种关爱能够在教师和后进生之间架起一座感情的阶梯，可以鼓舞后进生积极向上，奋发图强。

(三) 给每一个学生回答问题的机会，让他们体验到成功感

心理学研究表明，智力因素差的学生一般都有自卑感、无助感、孤独感，容易妄自菲薄、无所作为。要提高后进生的学习成绩，应该对他们进行成功教育，多给后进生表现的机会，即创造成功的机会强化、满足后进生的表现欲。而课堂提问，是给后进生创造成功机会的一种极好的形式。

针对学生中存在成绩参差不齐的现象，教师在备课时要因人而异，因材施问，设计出不同难度的问题。对后进生，要让他们在课前做好充分的准备，在课堂上提出一些简单易回答的问题让他们回答。他们答上来后，教师应及时给予表扬和肯定，让他们认识到自己并不比别人差多少，别人能做到的，自己经过努力也可以做到。对优秀生，教师则要提出一些难度较大的问题，让他们同样感受到成功的喜悦。

(四) 让每一个学生感觉到合作的愉快

教育家马卡连柯说："要尽量多地要求一个人，也要尽可能地尊重一个人。"因此，课堂提问不仅是一个知识的探究过程，更是一个师生合作的过程，是良好师生关系的体现。

在课堂提问中，教师应该注意聆听学生的回答，不要随意打断，就是学生讲错了也应该让他们讲完。对回答问题流利准确、吐字清晰的学生，教师要及时予以肯定；对回答错误的学生，也不要一下子全盘否定，但也不能让他马上坐下，而应针对实际情况，引导他讲出自己的思路，采用对话的形式顺着他的思路进行讨论或做适当的提示，让他自己找到正确答案。这样主要是为了培养学生积极思考、大胆创新的精神。

成功的课堂教学必须是尊重学生，以学生的活动为主体的，课堂提问也必须以所有的学生都积极地参与并有效地学习为前提，以学生的学习兴趣、基础水平、反应能力和性格特点为中心。

在课堂提问中，教师只有平等地对待每一位学生，才能调动学生的参与意识，使课堂教学生动活泼。

三、实施课堂平等提问的具体方法

教师在课堂提问时应面向全体学生，这也是素质教育向教育工作者提出的新要求。那么，教师怎样才能做到平等地提问学生呢？

（一）熟悉全体学生

课堂上，很多学生都不愿举手发言，这些学生大体分以下几种类型：

一是"自暴自弃"型。这些学生学习成绩不好，上课表现较差，他们没有明确的学习目的，学习没有责任感、懒惰、厌学情绪浓，上课时心不在焉。

二是"学不得法"型。这些学生的学习态度端正，作业认真，但由于不会学，掌握不好学习规律，往往事倍功半，成绩较差，自卑感强，他们怕答错了遭到老师的批评和同学们的讥笑。

三是"知而不言"型。由于学生的性格有差异，一些学生或由于口吃或由于害羞等多种非智力因素造成性情孤僻，沉默寡言，他们不愿在众人面前亮相，更不愿在众人面前发表自己的见解。即使对老师提出的问题完全能够解答，他们也常常不愿举手。

孟子曾说："困于心，衡于虑，而后作；征于色，发于声，而后喻。"这些不愿举手的学生在课堂上长期被老师冷落，那么，他们对知识的理解程度如何，能力提高得怎样，又怎么能被老师了解，老师又怎么能做到有的放矢地对他们因材施教呢？

《学记》曾说："学者有四失，教者必知之。"教师对学生的心理状态、知识水平、秉性差异，必须有所了解，才能有针对性地提出难易适宜的问题，让学生容易回答，才会让基础较差的学生感到学习并不可怕，从而逐步消除学习的恐惧感，树立起学习的信心。

（二）保持良好的提问心境

良好的提问心境，应该是教师愉快教学，自觉确立强烈的学生主体意识和"问"为"学"服务的提问观。教师在设问时，既要考虑怎样教，更要考虑学生怎样学，把为"学"服务作为提问的出发点，使提问成为实现

"学"为体的保证,让学生享受到自主探究、思考和发现的乐趣。当学生的回答有所欠缺时,要以宽容、体谅的态度启迪他们,引导学生更深入细致地思考,努力培养学生积极的答问心理,形成民主、融洽的师生关系。具体方法如下:

第一,微笑地面对学生。面带微笑恐怕是教师和学生沟通、传递信息最好的表情了!有了微笑,学生才有回答问题的勇气,教师才能了解学生,从而针对全体学生提出问题。

第二,宽容地对待学生。对于童心未泯的学生,教师的每一次信任和宽容,都可能创造出一个新的奇迹。教师一定要有宽容大度的胸怀,只有师生间真诚地倾听,相互包容,真正敞开自己的心灵,彼此在对话与理解中接纳对方,才能使师生间的对话走向心灵的深处,获得最佳的效果。

教师应树立这样的观念:课堂是允许学生犯错误的地方,要相信学生有一个自我学习、自我发展的过程,要允许学生回答得有误,以宽容的心态去面对这一切。

第三,尊重学生的人格。要想让全班学生都敢于发言,教师必须保护学生发言的积极性不受到挫伤。即使学生答错了,也不要批评甚至怒斥他们,应当善于发现他们的闪光点,及时点拨、引导。只有"知其心,救其失",才能把他们的缺点转化为优点。

只有这样,学生才会畅所欲言,才能达到师生间的真正沟通,也才能真正做到平等地对话。

(三) 要因生施教

对不同心态、不同水平、不同性格的学生,教师应采取不同的启发式提问方法。有些学生性格外向、活泼大胆、勇于发言,还有些学生性格内向、不善言谈、不敢举手。因此,教师在提问时一方面要多请举手的学生发言,培养他们爱动脑筋的习惯和语言表达的能力,调动他们善思乐学的积极性;另一方面也要顾及那些不愿举手的学生,要根据这些学生的知识水平,设计一些难易适度的思考题,请这些不愿举手的学生回答。

只有对学生十分了解,教师才能在设计课堂提问的过程中,面向基础参差不齐的全体学生提问，实施因生施教，开发各个层面的学生的智能。如果教师平时不能循序渐进地培养不爱举手发言的学生大胆发言的习惯，不去启发诱导他们，冷落他们，他们就会感到自己是课堂上的"多余人"，就会失去学习的责任心和自信心，成为课堂中的"南郭先生"。这样一来，他们自然就没有了灵气，也很难形成语言表达、实践操作、想象创新等各方面的能力。

（四）通盘考虑，以优带差

教师所提问题的难易程度应以中等水平的学生能回答上来为依据，调动全班学生的积极性，不能仅仅局限于少数尖子学生。应根据问题的难易程度，选择合适的人回答。如题目较容易，可让后进生来回答，使其在答对后，产生自信心和积极进取之心；如提问较难，应先请优秀学生回答，为后进生的回答设置契机，给他们较长的思考时间，完备自己的答案，避免他们因答不出或答错而产生"受挫"的心理，以致丧失信心。教师应以优带差，形成帮、带、促的良好风气，使学生携手共进。

（五）点面结合，变一言堂为全言堂

教师提出问题后，可让全班学生都参与讨论，给每个人畅所欲言的机会，让后进生在民主融洽、生动活泼的讨论中克服当众发言的心理障碍，尽情地发表意见，同时在互相讨论中听取同学的意见，取长补短，完善自己的回答，具有回答的信心。这样就能使后进生较准确地回答出来，从而使课堂提问由优秀生的"大包大揽""一包到底"，变成同学们的各抒己见、积极发言。

虽然这样做在时间上耽误了教学进度，但长此以往，就能调动起全体学生的学习兴趣，教学进度不但不会耽误，还有助于提高教学的效率。

在课堂提问时，教师一定要考虑到各个层次的学生，使每个学生都有回答问题的机会，这样才能让课堂提问真正变得有价值、有意义。

第五节　适当的提问评价和追问

鼓励，在教学中的作用毋庸置疑，它对一个学生的积极成长有着重要作用。鼓励要以爱护学生为出发点，要实事求是。教师在鼓励学生的过程中要做到一视同仁，表现出对全体学生的真切的爱，不可存在偏爱的心理和厌恶情绪。

教师在表扬学生时要特别注意保护学生心灵最敏感的地方，即自尊心。鼓励学生时一定要做到公正、合理、符合实际。夸大其词、不符合实际的表扬和评价，非但不能起到积极的群体心理效应，而且对受表扬者也不会产生好的影响。

一、鼓励的教育教学效果

鼓励是一种教育教学手段。在课堂提问时，教师恰当地对学生进行鼓励性评价，往往能收到事半功倍的教育教学效果。具体说来，主要有以下三方面的作用。

（一）能调动学生学习的主动性，培养他们的自信心

适时鼓励，点石成金。在大力提倡确立学生主体地位，积极倡导"自主、合作、探究"的教学方式的今天，教师更应该对学生进行大胆鼓励，鼓励他们大胆答问。只有这样，学生的主体意识、创新意识才能得以培养，潜能才能得以充分发挥。每个学生都像天上闪烁不定的星星，有明有暗，有近有远。只要教师有足够的细心、耐心去寻找，就会发现每个学生的闪光之处，然后及时抓住这些闪光点，进行恰当的鼓励，这些闪光点很可能就会闪亮一点，照亮一片。

适时适度地对"差生"进行鼓励性评语，可令他们步入学习正轨。对于"差生"，鼓励是消除他们的胆怯，更新他们的认识，转变他们的学习态度，使他们步入学习正轨的必要因素。

"精诚所至，金石为开"，"差生"们那隐藏的闪光之处一经发现，教师就要及时抓住这个机会，恰当地给予鼓励和诱导。而"差生"经过一个深刻的、动态的、发展的心理过程，很有可能发生一个质的突变，告别迷途，步入正途。在课堂提问中，教师不仅要善待"差生"，还要正确引导他们，让他们认识到：通向成功的路绝非一帆风顺，在实现理想的途中，遭遇困难甚至打击是在所难免的，一定要鼓励他们树立自信。

有的学生在面对失败、挫折时，对自己的错误总会耿耿于怀，为过去的疏忽、过失不断自责，以致过度消极、沮丧，导致畏首畏尾，不敢尝试回答，甚至对未来充满忧虑。此时，就需要教师及时鼓励学生，让他们学会坦然地面对失败，要探索失败的积极意义，要告诉学生，自责于事无补，只有吸取失败的教训，鼓起重新开始的勇气，成功才会向你招手。要及时鼓励学生"这点失误算不了什么""你是个很勇敢的孩子""这个问题下次你一定能回答出来"。久而久之，学生就会树立起正确的学习态度及积极的人生观。

(二) 鼓励是开启学生心理情感大门的钥匙

人的情感总是在一定的情境条件下激发产生的，一个良好的情感环境对激发人的情绪具有重要意义。在课堂提问中，教师一定要认识到：情感是极具感染力的心理活动，除了知识的传授外，还必须在提问中重视情感交流，教师要凭借自己的情感来影响学生。

有时，教师的一句话、一个眼神或一举手、一投足，都会让学生有着不同的、深刻的理解、感受和体验。尤其是教师的赞扬鼓励，更会让学生铭记在心，抑或终生难忘。鼓励的语言更能增强学生的自信心、参与意识和自主意识，更益于学生人格的健康发展。因此，教师对学生的答问要以诚相待，与之平等地进行交流，激发学生的求知欲。

教师要把握好每个学生的思想动态，及时引导和鼓励，学生才能在答问中保持一种积极向上的动力，从而更加努力，要求进步。

(三) 教师的鼓励对于学生做人、做事方面有不可忽视的影响

课堂提问中，教师一句中肯的鼓励语句，会让学生激动万分，学生还会模仿着老师的样子鼓励别人，"你能行，我为你加油""你一定会坚持到底""我希望坚强的你会再次笑起来"等，他们都会为对方加油鼓劲。

教师的鼓励对学生的学习发展是一种有效的手段，它是一种对内因施加催化作用以改变学生的外在表现状态的教学手段，能让学生的学习思想状态以波动的、快速前进的方式发展。

二、实施鼓励答问的具体方法

在教学中，教师真诚的鼓励可以激励优秀生更上一层楼，可以消除后进生的自卑心理，增加他们的自信心。因此，课堂提问时，教师要想调动学生回答问题的热情，激发他们的内在学习动力，一定要多运用鼓励性的语言给予评价。鼓励的方法有以下几种。

（一）语言鼓励法

即针对学生在课堂上的表现、学生的性格特点用适当的语言来肯定学生的答问，让学生从内心产生一种成功感，从而激发学生学习的内在动力。这种鼓励方式是平时教师们用得最多，也是比较有效的方法之一。

教师在运用语言鼓励法时，要注意以下几点。

第一，鼓励要实事求是。鼓励要既不夸大，也不缩小，是很好就是很好，是较好就是较好。不要对学生的回答一概而论，甚至含糊不清。实事求是的鼓励能训练学生思维的条理性，更能激发学生的学习兴趣，从而达到"言之有序"的答问要求。

第二，鼓励应具体明确。教师在肯定学生的同时，应指出学生是理解准确，还是答问方法正确，要给出明确的评价。这样，教师做出评价后，被评者就比较清楚，旁听者也明了。因此，教师的鼓励要有根有据，只有如此，学生回答问题时才会有思维的空间。这种鼓励不仅会开拓学生思维的广度，而且会使学生思维更加严密，让学生在获得成功体验的同时，更增添一份自信，从而达到"言之有理"的答问要求。

第三，鼓励应投入情感。心理学家赞科夫曾说："教学法一旦触及学生的情感和意志领域，触及学生的精神需要，这种教学法就会发挥高度有效的作用。"也就是说，只有教师对学生的答问充分投入了情感，才会起到真正的鼓励作用。

第四，鼓励应以尊重学生为前提。哲学家卢梭在他的《爱弥儿》一书中曾说道："做老师的人经常在那里假装一副师长的尊严样子，企图让学生把他看作一个十全十美的完人。这个做法的效果适得其反……要打动别人的心,自己的行为就必须合乎人情!"因此,尊重我们的学生,就是尊重我们自己,就是尊重我们的教育,就是尊重我们的未来。教师鼓励学生,首先要懂得尊重学生,理解学生,尊重他们的人格,尊重他们的发言,只有如此,我们的课堂才能更添色彩,才能使学生的灵魂受到自信的激励和美的熏陶。

第五,鼓励要注意语音语调。教师在运用言语激励时,要注意语音语调的使用,对于成绩较好的学生,应采取较为平静的表达方式,如"正确""很好",避免优秀生产生一些不必要的傲气,让他们能继续努力,争取更好的成绩;而对后进生,则宜采用直接表露的方式,如"太好了""同学们都为你精彩的回答感到高兴"等,也可以兼用其他激励方式,让他们对自己的成功有深刻的印象,逐步培养起他们答问的自信。

(二)行为鼓励法

行为鼓励法,即教师在教学提问过程中通过亲切的笑容、和蔼的目光、温暖的抚摸、热情的期待等无声的鼓励,达到"此时无声胜有声"的教学效果。这些看似平凡的举措,恰恰也是学生期待的、信服的。

学生回答问题时,教师那期待的目光、面容上所表露出的微笑是对学生的一种鼓励,一种鞭策。当学生回答完毕时,教师的颔首示意,与回答问题的学生握握手,用有力的手臂一挥,将大拇指高高地翘起,与同学们一起鼓掌,赞许地摸摸学生的头,拍拍学生的肩膀等行为也是一种鼓励。这些都能让学生真正感受到老师对自己的关怀。

(三)物品鼓励法

物品鼓励法,即在课堂上用一些实物进行奖励,奖励一些小五角星、卡通小贴画、糖果、小玩具、一些常用文具等。

这种方法较适用于小学或中学低年级的学生,具有直觉性和不稳定性。学生的学习兴趣往往会与外部刺激物的特征相联系,对这些物品的感兴趣程度,对物品爱好的持久性等,均有可能影响激励效果。

这种激励应适可而止,如果这种奖励滥用了,不仅不能促进学生回答问题的兴趣,而且可能会削弱学生学习的内在动力,而强化了学生的学习、生活物质化,对学生正确思想品德的形成也有一定的负面影响。

另外，在鼓励学生回答问题的同时，教师还要鼓励学生大胆地提出问题，既要提出自己不明白、不理解的问题，也要提出进一步思考后所产生的新困惑、新问题。学生学习任何东西都是从模仿开始的，因此，要学生提出问题教师必须"言传身教"，要站在学生的角度给学生做示范，给学生以模仿的机会。

教师要为学生提出问题创设一个和谐、民主、平等的氛围，同时要通过自己的语言、动作、表情传递给学生一种亲切、信任、尊重的情感信息，使他们感到老师最可信赖。而教师可在新知识的生长处、新旧知识的连结处创造提出问题的条件，给机会和时间让学生质疑，这种质疑问难应融合于课堂教学的全过程。

学生提出问题远比解决问题难得多，它需要学生有更高的思维水平，因此，教师应宽容学生问难时的幼稚可笑，就像父母不嗤笑幼儿的蹒跚学步那样，让学生迈出提出问题的第一步；当学生提出"多而杂"的问题时，可组织学生讨论与课本知识有关的急需解决的问题，从而逐步引导他们提出"小而精"的问题。

当学生提出了质量较高的问题时，教师要加以表扬，并且及时引导学生详细地讲述自己的思维过程，让全班学生学习这种思维方法。这样做可让提问的学生进一步理清思路，以便下次提问更有深度；还可鼓励其他同学积极思考，充分体现出学生自主、合作、探究学习的新的教育理念，让每个学生都真正地成为学习的主人。

同时，教师有效的鼓励能使学生更加活泼地学习，学生不会再因为回答问题而惧怕，不会再因为回答不好而感到灰心。相信在这样的氛围中，学生必然身心愉悦、思维活跃、畅所欲言、积极参与；在这样的境界中，学生必会如沐春风，课堂一定会充满勃勃生机。

三、合理有效的数学课堂追问

当教师对学生的回答做出评价后，常常会有进一步的提问。这时的提问又面临新的选择，一种是进一步对学生的回答进行追问，另一种是对这个学生结束提问，转问其他学生。下面重点对前一种选择追问做一研究。

(一) 追问的意义

追问是在某个问题发问得到肯定或否定回答之后，针对问题的更深层次发问。在发问时常见的形式有"为什么""请说明理由""还有没有补充"等。追问在数学课堂提问中比较常见。

追问对于有效教学而言，有着很重要的意义。有研究者认为，通过追问可以达到三个目的：使学生的回答得到澄清；在学生回答的基础上激发新信息；对学生的回答进行重新导向或重新组织，使之向更有成效的方向发展。

同时，也有研究者提出，追问的意义在于三个方面：使学生有了重新考虑自己回答问题时的观点和完善观点的机会；使学生可以重新回顾并反思自己的回答，追踪自身思考经历；可以使教师更好地了解学生生成答案的思维过程。

比较这两种认识不难看出，尽管都强调了追问的重要性，但他们强调的重点各自不同。前者更强调通过追问使学生生成更多新的信息，而后者更强调通过追问促使学生对自己的回答进行反思。从培养学生的能力方面来看，前者更强调通过追问来澄清问题的答案，衍生出更多的知识；后者更看重对学生反思和元认知能力的培养。

数学课堂有效提问不仅要促进学生知识的掌握，还要培养学生的各种能力，有效追问对于数学有效教学有以下两方面的意义。

1. 促进学生完善自己的回答

数学课堂提问中，由于学生对问题思考不充分，在第一次作答时会表现出不确定或回答不完整。教师在听到学生的回答后通过追问，可以让他对问题做进一步的思考，并完善自己的回答。如对于一些开放性问题的回答，学生考虑不是很全面，有时可能会只说出其中某一种情况。教师如果在学生回答后紧接着给予追问，"这适合所有情况吗？""还有没有其他答案？"在追问下，学生会意识到自己的回答或许漏掉了某种情况，然后再对自己前面的回答做进一步补充完善。

2. 促进学生展开元认知活动

元认知是一个人所具有的关于自己思维活动和学习活动的认知和监控，其核心是对认知的认知。元认知活动的对象是思维活动和学习活动，而不是知识本身，是对学习者自身的学习活动的认识和了解，是一种自我反思、反省性认识。它主要包括元认知知识、元认知体验和元认知监控。

现代认知心理学的研究表明：学习过程不仅仅是对所学习材料的识别、加工和理解的认知过程，同时也是一个自我调节和自我监控的过程。认知过程的有效性，在很大程度上取决于元认知的运行水平。数学教学不仅要让学生知道"问题的结果是什么"这些认知方面的内容，还要使学生自己认识到"自己是如何思考"和"为什么要这样思考"这些元认知方面的内容。

在数学教学中，培养学生元认知能力的途径可能很多，而追问就是其中的重要方法之一。有实验研究证明：向学生问"你为什么那样做"之类的问题，可以激发学生的元认知活动，促使学生把注意力指向从问题本身转变为指向自己"怎么思考"。在数学课堂提问中，通过追问，不仅可以使学生关注自己结果的对错，还能引发学生对"如何形成这种结果"的反思，进而使学生的元认知能力得到培养。

（二）追问的类型

在数学课堂提问中，追问主要有哪些类型呢？下面从追问后学生做出回答需要的思维能力来对其进行分类，主要有以下两种类型。

1. 解释性追问

解释性追问是在学生回答完问题后，为了让学生对其回答做出进一步的解释而进行的追问。这里有的是希望通过追问让学生对回答内容本身做进一步解释和说明，还有的是希望学生能对其这样回答的理由和依据做出解释。其中，后者的形式较多一些，主要的发问形式有"理由是什么""为什么"等。这种追问对于学生澄清回答中模糊的内容，发展学生"有理有据"的逻辑思维能力非常有好处。

解释性追问主要是对学生回答问题的依据进一步发问，需要学生给予解释的理由一般并不复杂。大多数只需要记住某个数学概念或定理，然后简单运用就可以。尽管解释性在一些能力强的学生看来不是什么问题，但有些学生在推理过程中并不十分清楚，导致数学证明出现错误。通过解释性追问，可以让那些不明白其中道理的学生也知道其中的原因。

2. 分析性追问

分析性追问是教师针对解决问题的依据以及思维过程所进行的追问。其主要的发问形式有"为什么""你分析问题的思路是什么""关键是什么"等。它与解释性追问不同，解释性追问只需要学生简单说出理由，重点是给出解释。而分析性追问是要给出解释，还要重点说出分析问题、解决问题的思维过程。相对来说，要回答分析性追问，需要对问题做进一步的深入分析，并对自己的思维过程有所反思。

教师的追问不是学生能用简单的一两句话所能解释的，需要对问题有深入的分析，并对自己思考问题的过程有一个回顾、反思，才有可能回答。从思维水平来看，分析性追问要比解释性追问思维水平高一些，学生回答追问问题往往需要较长的思考时间。

（三）元认知提示语追问

追问的一个重要意义是要促进学生元认知能力的培养。那么，什么样的追问才能更好地培养学生的元认知能力呢？运用元认知提示语追问是其中较好的一种方式。

1. 元认知提示语

元认知提示语是涂荣豹教授深入研究波利亚数学解题理论中的元认知思想并在长期教学实践的基础上提出的，主要是针对学生的元认知活动进行引导或提示。

认知提示语主要是针对学生的认知活动进行提示，指向知识内容和具体信息的加工。诸如：你觉得指数和对数函数有哪些关系？为什么给它取名为反函数？反函数到底反在哪里？描点是来帮助自己做什么？如何在给定的范围之内求它的最值？建立直线方程是通过什么建立的？等等。元认知提示语针对学生的元认知活动进行提示，促使学生对自身的认知活动进行调节、监控，是对其思考方法或思维策略的引导或提示。元认知提示语与认知提示语之间并没有非常明确的界限，也不必非常严格地对其进行划分。在教学中常见的元认知提示语有"我们现在应该研究什么""你打算怎么研究""有哪些研究方法""你们能提出什么问题""它有什么规律""有什么发现""有什么关系""为什么""你能解释吗""你能证明吗""还有其他发现吗"等。

2. 元认知提示语追问

元认知提示语追问就是在数学课堂提问中，运用各种元认知提示语来对学生的回答进行追问。这种追问可以促使学生展开元认知活动，使学生对自己的思维过程进行反思，进而让学生学会思考问题的方式，掌握一定的思维策略，最终能在以后的学习中有效运用元认知监控来进行有效的学习。

元认知提示语追问可以看作是分析性追问的一种。因为对学生而言，要回答这样的追问，光有解释是不够的，还要做出分析。但就元认知提示语追问分析的对象而言，需要学生分析的不仅是要解决的问题，重要的是对"自己"本身进行分析。重点要回答的不是"问题的结果是什么"，而是"是什么原因导致我给出了这样的回答""我的分析思路为什么是这样"等。从这个意义上说，元认知提示语追问在思维水平上比一般的追问要更深一个层次，是能真正推动学生进行自我反省，而且对其认识和思维做出监控和调节的追问。

在学生回答问题的过程中，出现错误是难免的，关键在于教师如何对待学生出现的错误。一般形式的追问，更多的是着眼于让学生改正错误，而元认知提示语追问，除了要让学生能改正错误外，更重要的是通过追问引起学生对自己思维过程的反思，认识到出现错误的原因。最终使学生认识到自己是如何形成了这样的结果，以后应该如何避免这样的错误。

在元认知提示语追问下，学生经历了复杂的心理活动和思维过程。如一开始自己是怎么想的，走过哪些弯路，碰到哪些钉子；为什么会走这些弯路，有什么规律性的经验可以吸取；自己的思考与老师或同学的有什么不同，其中的差距是什么，其原因是什么；自己在一些思考中能否做某些调节，为什么当时不能做出这些调节；自己在思考的过程中有没有做出过某种预测，这些预测对自己的思考是否起到了作用，自己在预测和估计方面有无带普遍性意义的东西可以归纳；等等。在展开元认知活动的过程中学生对自己数学学习过程中的各种活动进行反思，如理解题意的过程、推理过程、数学思想方法的运用过程等，真正促进学生进行反思性学习，达到对其思维的监控与调节。

在数学教学中，元认知提示语的内容是非常丰富的，它包括指向元认知知识的提示语、元认知体验的提示语、元认知监控的提示语。从不同的数学教学内容来看，有针对数学概念、数学命题、数学思想方法、数学解题教学的元认知提示语。教师可以在实际教学中不断探索，总结出适合于自己教学的元认知提示语，同时，在课堂提问中，能充分运用这些元认知提示语对学生的回答进行追问，进而提高学生的元认知水平。

第三章　学生的问题意识是思维卷入的"钥匙"

古希腊哲学家亚里士多德认为："人的思维是从质疑开始的。"教学中教师会遇到问题多的学生，也会遇到不知道怎么问问题的学生。不论哪种情况教师都要善于引导学生去发现问题、认知问题和提出问题。

第一节　尊重学生，记录所有问题

课堂提问，看起来是很小的事，但小中见大，这个"大"就是学生具有的问题意识。对学生的问题意识，教师要尊重它，并爱护它。

有问题意识的学生必定是善于思考钻研、好学上进、认真负责的学生。学生有了问题意识，就会处处做有心人，不断发现问题、思考问题。

首先，学生提出的问题不管大小对错，教师一定要倾注极大的热情，认真听取、充分肯定，使善于提问的学生有一种自豪感。有些学生提问不能排除是一种试探，是一种投石问路。他们在提问的同时也把目光盯在教师的脸上，教师对他们的提问是抱有好感还是反感，是真心实意对待他们的提问还是虚情假意应付了事。如果教师全神贯注听取他们的提问，兴致勃勃地跟他们讨论问题，他们就会受到感染和鼓舞，就会对提问越来越感兴趣，意识性也就会越来越强。反之，如果教师对学生的提问抱着冷淡的态度或不置可否或轻描淡写，他们就会心灰意冷失去兴趣。当然也有的学生不是看教师的脸色行事，他们比较执着，不管教师的态度如何，有问题照提不误。但不管怎么说，学生既然能够提出问题，就说明他们是在动脑筋，是在求懂，教师就要不失时机地充分肯定他们的积极性和主动性，使他们在教师真诚的微笑中、在同学们热烈的掌声中产生一种自豪感。有了这种自豪感，他们的问题意识就会不断增强，提问就有了动力和信心。

其次，要给学生营造宽松的氛围及提问的机会，让问题意识像流水一样自由流动毫无阻挡，使善于提问的同学有一种轻松感。过去的那种封闭式的教学，教师讲授知识满堂灌，学生成了储存器，没有机会去独立思考，发现问题也不愿主动提出来，他们有一种消极思想，认为反正老师要讲的，提与不提没有什么区别。这种教学方式实际上扼杀了学生的学习积极性和主动性。实行课改以后，学生成了课堂的主人。课堂不再是死水一潭，而是充满了活力，这就扫除了种种障碍，为培养学生的问题意识营造了宽松的氛围，打开了通往知识和能力的通道。学生自主学习有机会去发现疑问并大胆地提出来，不会碰钉子，不需要瞻前顾后。教师为学生营造宽松的氛围，解放了学生，也解放了自己。有许多问题由学生去发现、去思考、去讨论，教师省力又省心，而且效果又好，事半功倍，何乐而不为！有了宽松的氛围，学生就有了一种轻松感，不会感到提问是一种压力，是一种负担。学生只有在感到轻松的情况下才有好心情去学习。

再次，要及时给具有问题意识的同学以中肯的评价，充分肯定问题的意义所在，承认提问也是一种敢为人先的表现，使善于提问的同学有一种成就感。学生一般都具有一种可贵的表现欲，要充分肯定、及时鼓励。这样善于提问的学生会感受到一种温暖，他们会觉得提问不仅仅是挑明了一个问题，引起大家的关注和兴趣，更多的是具备了一种能力，养成了一种好的习惯，在提问的同时既是收获也是提升。

综合以上原则，笔者在课堂中便会采取尊重学生、记录所有问题的原则。例如，五年级上册第六单元"组合图形面积"一课，教师在上课之初将问题准确聚焦在"组合图形"上，激发学生从不同角度提出想要研究的问题。下面是一次课中笔者所记录的学生提出的问题。

1. 什么是组合图形？ 2. 怎么求组合图形面积？
3. 为什么这么求？ 4. 生活中有哪些应用？

让学生自己提问的目的是什么？是让学生对将要学习的课时内容产生兴趣。这些问题串成问题链，可使学生了解将要学习的目标和主要的学习线索，做到心中有数。

教师首先通过七巧板拼图、生活中的事例即人教版教材 99 页主题图，介绍什么是组合图形。其次提出"做一面中国少年先锋队中队旗用布多少？"的问题，学生就会明确求中队旗用布多少就是求组合图形的面积。再次，让学生自主尝试解决问题，学生们的方法如下：

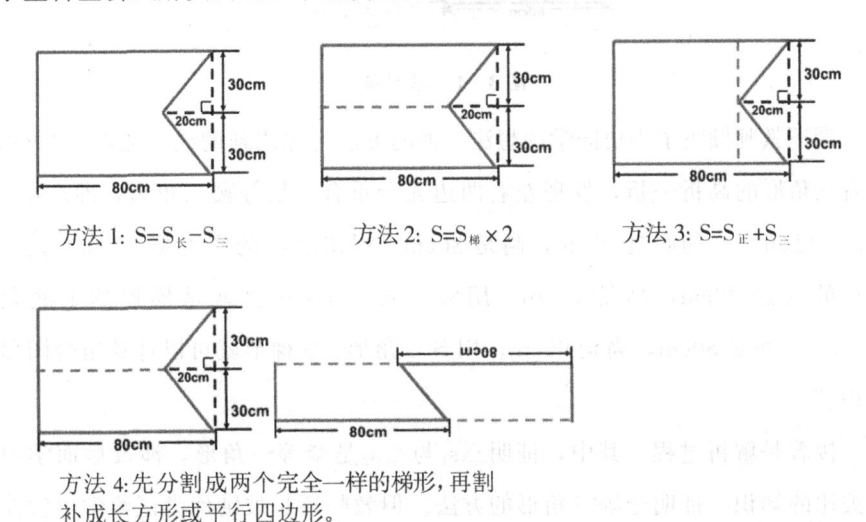

方法 1: $S=S_{长}-S_{三}$　　方法 2: $S=S_{梯}×2$　　方法 3: $S=S_{正}+S_{三}$

方法 4:先分割成两个完全一样的梯形,再割补成长方形或平行四边形。

然后进行多种方法比较，学生们掌握了转化的方法，最后大部分学生认为用方法 4 计算比较简便。这样通过一系列的尝试交流、比较择优，便解决了上课伊始学生提出的前三个问题。

第二节　针对问题，教师积极回应

一、追问引发思考

在学生独立尝试解决问题时，教师发现有的学生在求面积时，能将图形分成学过的简单图形，但计算不出来。是因为找不到需要的条件吗？于是教师适时追问："真的无法解答吗？"结果，班中小史同学认为用全等三角形证

53

明可解。考虑全等概念已经超出普通五年级学生的知识经验，教师没有将问题马上放在课堂上解决，而是放在问题角供大家课后继续思考。

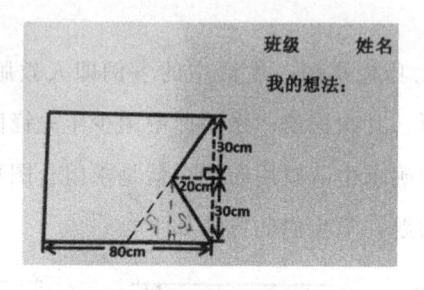

图 3-1 学习单

课下教师倾听了小史同学的想法，他的方法为先添辅助线。他说："我想沿着三角形的高折一折，发现左右两边完全重合，是等腰三角形，即△s_1＝△s_2。已知△s_2的底是 20cm，高是 30cm，得出△s_1的底也是 20cm，大三角形的底是 40cm，高是 30cm。用 80－40＝40cm 也就是梯形的上底是 40cm，下底是 80cm，高是 60cm。用 S 三角形＋S 梯形就可以计算组合图形面积。"

接着是解析过程。其中，证明△s_1与△s_2是全等三角形，涉及后面学习有关比的知识、证明全等三角形的方法。但教师还是鼓励他尝试给学习伙伴讲讲其中的道理。后来他的讲述得到了大多数学生的认可。

【教师反思】自主探究过程中学生产生的问题蕴含着巨大价值。教师在理解学生问题价值的基础上，应积极回应学生的问题，将学生的问题和学科核心问题有效链接。在课堂中设置问题角，不仅留下了学生的问题，延长了深入思考的时间，拓展了分享交流的空间，更记录下了学生思维的精彩点。

二、拓展思维时空

"一张零件图纸（见图 3-2），这张图纸的面积是多少平方厘米？"此环节设计目的是让学生根据图形特点与已知数据信息，学会具体问题具体分析。大部分学生选择添补法 S＝S$_长$－S$_三$。有没有更简便的方法呢？这时小惠同学高高举起手提出了自己的猜想。

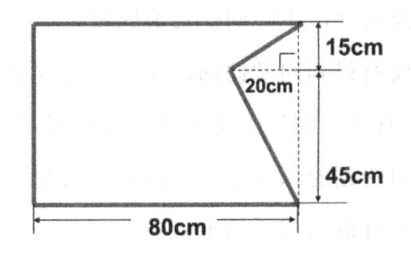

图 3-2 零件图纸

以下是小惠同学的学习笔记。

我的猜想
和平里第四小学　五4班　小惠

我发现它可以分为上下两个直角梯形，它们的高分别是15cm和45cm，而45cm和15cm之间是三倍的关系。

于是，我猜想，可以把下面那个大梯形平均分三等份，其中两个可以拼成一个长方形，另一个和上面的小梯形拼成一个长方形，然后两个长方形合起来成了一个更大的长方形，这样算简便。

我很高兴地表达了这个想法，同学们默默无声没赞成也没反对，老师建议我们下课做实验试一试。

课后我做实验验证自己的猜想，根据图纸数据先剪成零件图纸的形状，然后沿高四等份（见图1），再按照我猜想的组合方法去拼（见图2）。

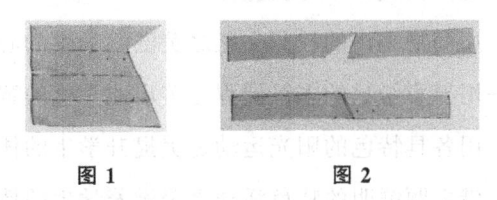

图1　　　　图2

结果我发现拼不上，新的疑惑在我脑中出现，为什么与想象的不一样呢？观察图2发现因为上面小梯形斜边的长度以及角度都和沿大梯形的高三等分，分出来的小梯形不一样，没法拼成我想象的长方形。得出结论是我最初的猜想是错误的。

【教师反思】当学生可能出现猜想苗头的时候，一定要及时捕捉，并加以鼓励。适时让学生经历"产生疑问—形成问题—提出猜想"的过程。小惠同学的想法在课堂上没有得到同学们的回应，但引发他深度思考，从问题走向猜想，并"证明"。有些问题学生尝试了，就获得了对所学知识的深入理解，也获得了对所提出问题的深入思考。这种对问题的深入研究的科学严谨的态度，可能比知识本身留给孩子的价值更大。

通过课堂实践教师发现，能引发学生好奇心和探究欲的事物，呈现陌生、新奇、模糊、矛盾的特点，能够产生疑惑、不确定现象等经历，引发学生质疑和发问。真的把学生的问题当回事，教师应该呵护学生的"问"，引导学生的"问"，才能让学生问得入情、入理，问出创新、精彩，真正拥有学习数学的能力。

第三节 "五育"并举，问题引领学习

一、"6＋n"美育课程，学校顶层设计

2021年是"十四五"开局之年，结合《中共中央国务院关于深化教育教学改革全面提高义务教育质量的意见》，落实"五育"并举，我校"疫"学期统筹协调发布"6＋n"美育教育课程计划，围绕养德、启智、健体、陶情、促劳五个维度，构成一个有机整体。

以美养德——用润物无声的校园文化之美滋润学生的心灵；

以美启智——用异彩纷呈的多级课程之美启迪学生的智慧；

以美健体——用各具特色的阳光运动之美提升学生的体能；

以美陶情——借主题鲜明的特色活动之美滋养学生的情操；

以美促劳——借自主体验的个性创造之美丰富学生的生活。

图3-3浓缩了学校育人文化的精髓，"疫"学期，学校迅速由线下面授改为线上教学模式。教育信息化程度再升级、优质教学资源进一步共享、"线上＋线下"教学观念逐步革新。

图 3-3 "6＋n"美育课程设计

二、课程体现综合性、实践性，学习方式变革

停课不停学是危机应对方案，学校帮助老师们抓住契机，尝试探索新型教育模式。这次危机提供了哪些契机呢？

（一）学科主题学习

主题学习是指学生围绕一个或多个经过结构化的主题进行学习的一种学习方式，"主题"成为学习的核心，强调的是"做中学"的学习方式，并以活动、专题及解决问题等方式作为学习的主轴。

停课不停学期间，科学、道德与法治、信息课程教师们尝试大主题、多视角、多学科联动教学，设计了垃圾分类的环保主题、云博物馆主题、网络安全等主题活动，构建丰富情境的深度学习，变被动式学习为主动式学习，变接受式学习为探究式学习，充分认识到"学科整合，凝聚合力"，"教育不是一个人的事，更不是一个学科的事"，"这是一场生命教育、信念教育、科学教育、道德教育"。学科主题学习实现学习内容的综合化，有助于学生获得整体、全面的知识，培养学生国家认同感和科学精神等核心素养。

图3-4 环保主题课程

（二）问题引领学习

2020年春季开学延期了，居家自主探究成为学生学习的重要方式。学校"6+n"美育教育活动之以美启智篇——"点亮小问号"活动适时开展。如何让孩子"宅得有收获"？如何唤起学生用数学的眼光观察生活，感悟生活即学习？如何让学生敢于表达、敢于尝试、敢于分享？

图3-5 "点亮小问号"活动

课题团队的教师们以"发现数学问题"为主题活动，按学生年龄特点向不同学段学生发出召集令：大胆地用数学眼光发现问题，并勇于用数学头脑思考问题，用双手实验探索问题，用数学语言描述问题与大家分享，以此激发学生去思考和研究学习、生活中产生的很多数学问题。如探究"跷跷板的秘密""鸡蛋有多大""牛奶毫升与克有怎样的关系""为什么要用三角形支架""几只小蚂蚁能举起一根香肠""拼搭多面体的奥秘"等。正如英国一位科学家所说："科学知识的增长永远始于问题，终于问题——越来越多深化的问题＋越来越能启发新问题的问题。"学生居家的自主探究活动，自始至终围绕问题展开，彰显了有思考、有活动、有成长的居家学习特色。

我们深信不疑的是：教育永远不能中断，学习活动永远不能停顿，加速推进新学期教育教学高质量发展是学校打造"以美育美"品牌教育特色的永恒主题。

第四章 以"问题"为驱动，发展学生思维

第一节 线上问卷，学情调研是基础

整理与复习是小学数学教学的一个重要环节。笔者承担人教版数学六年级下册"统计与概率"领域的复习与整理课的录制任务时，恰逢学生居家学习期间，如何做到"知己知彼，百战不殆"呢？笔者认为，问卷调查是了解学生的良方。网络有着便捷、灵活的特点，疫情期间借助网络，对六年级42名学生进行问卷调查。调查内容围绕小学阶段"统计与概率"领域的实际教学中，学生如何看待与统计有关内容的学习展开。

一、学生作答情况

第1题（单选）：你对统计的知识、方法的学习，感觉是：

选项	小计	占比
非常有趣	30	71.43%
一般	12	28.57%
比较枯燥	0	0
本题有效填写人次	42	

第2题（单选）：生活中统计的知识和方法对你来说：

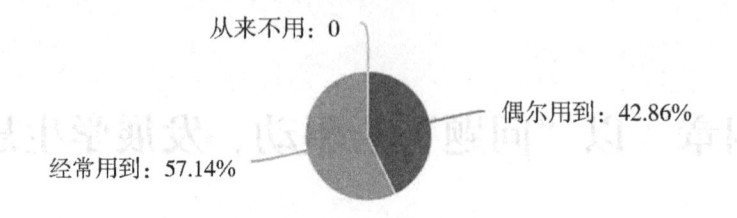

从来不用：0
偶尔用到：42.86%
经常用到：57.14%

第3题（可多选）：平时你获取信息的主要方式是：

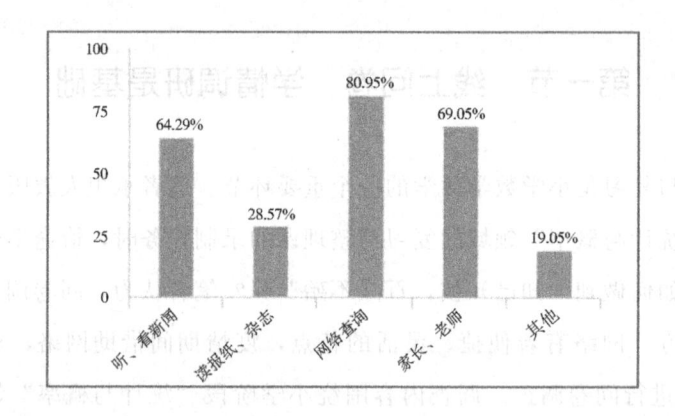

听、看新闻：64.29%
读报纸、杂志：28.57%
网络查询：80.95%
家长、老师：69.05%
其他：19.05%

第4题（问答题）：请你举1—2个生活中用统计知识和方法的例子。

学生举例有：人口普查、超市每种食品销售量、家庭支出与收入、身高体重、家庭每月耗电量、感染新冠病毒人数的统计、课外阅读数据归类统计等。

第5题（问答题）：关于统计，你有什么问题想与同学们交流的？写出1—2个。

学生想交流的问题有：统计有哪些方法？统计的过程一般分为哪几步？如何向别人介绍北京的蓝天数越来越多？北京有多少名医生驰援湖北？等等。

二、数据分析

从学生问卷调查数据中看出，71.43%的学生对统计的知识、方法的学习感兴趣，而且57.14%的学生认为生活中经常用到统计的知识和方法。学生平时获取信息的方式方法是多种多样的，其中最高的是网络查询，占80.95%；

其次是通过教师、家长和听看新闻获得信息，各占69.05%和64.29%。由此看出，大数据时代，网络查询是学生获取数据的重要方法之一。关于生活中用统计知识和方法这道题的调查中，从学生举例看到，既有关于国家大事的，如人口问题、当下感染新冠病毒人数统计等；也有熟悉的生活事件，如超市销售量、家庭支出与收入、家庭每月耗电量；还有学生身边小事，如身高体重、课外阅读数据归类统计等。解读数据发现有近三成的学生对统计的知识、方法的学习感觉一般，42.86%的学生感觉生活中偶尔用到统计的知识和方法。

第二节　精研细磨，科学精准是目标

小学数学教学是一门严谨且知识点细碎的学科，学生经过近六年的学习，掌握了一些数学知识、方法，笔者以小学阶段的"统计与概率"领域的整理与复习为例，解读怎样研读课程标准并做到科学精准定位。

一、"忆"——以"问题"作为回忆知识的线索

面对空中课堂这种教学形式，团队老师一起研磨整理与复习课教学特点，即组织学生对每个领域的知识进行整理和反思、归类和对比，使之形成系统。

课前，发挥学生参与知识整理的主动性和积极性。学生根据要复习的内容，自己举例子重温各类统计图的特点（见图4-1至4-3），实际是引导学生学会用数学的眼光观察生活。

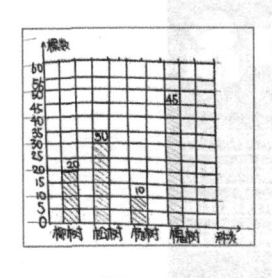

图4-1　　　　　　　图4-2

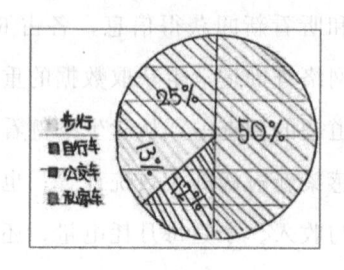

图 4-3

课上，用问题引领加强整理与复习的针对性和系统性。如围绕"关于统计的知识我们都学习了哪些内容""2019年新中国成立70周年，海量数据诉说着70年翻天覆地的巨变，从大量的'图'中，我们能获取哪些信息""能举例说一说我们学过哪些关于可能性的知识吗"等大问题作为回忆知识的线索，也为学生提供了梳理知识的线索，留给学生参与知识整理的空间，帮助学生对某个领域的知识点有一个宏观的回顾。

二、"理"——在"梳理"中构建知识网络

小学数学知识体系连贯，从"点"到"面"，将知识融会贯通由"厚"到"薄"，形成一个条理化、系统化、网络化的有机体系，让整理成为一种习惯。20分钟线上的复习整理，在对统计知识进行系统的、全面的梳理的基础上，指导学生学会将已学过的散装知识"横成行，竖成线，连成片"，重新组织、编码、提炼，自主建构数学认知结构（见图4-4），形成对数学知识的认识和感悟。

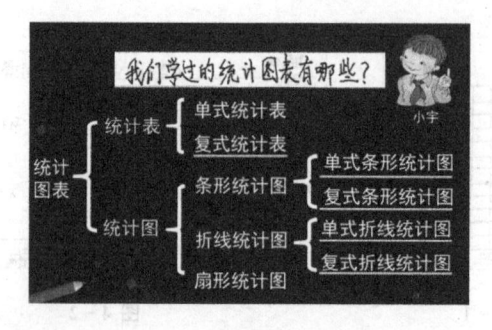

图 4-4

课后，指导学生利用思维导图完善原有知识体系，构成知识网。在此过程中学生运用图文并重的技巧，建立清晰、完整、形象的数学知识体系，使"统计与概率"领域的知识以整体、清晰的方式呈现出来，同时能大幅提升学生的记忆力、组织力和创造力。这对于提高学生的数学能力是十分有益的。

三、"练"——在"应用"中促进数据发展观念

练习是复习整理课的必要环节，除了要承载"巩固知识点、夯实重点、解决难点"的功能，还需担负起知识梳理、建构知识网络体系和提升学生解决现实问题能力的职责。"数据分析观念"作为统计课程的核心，能在"应用"中促进数据发展观念，使学生进一步掌握小学阶段所学的知识，同时提高学生相应的数学能力和数学素养。

(一) 置于生活情景，现实中应用

考虑学生年龄的增长、视野的扩大等因素，"统计与概率"领域的整理与复习课，选择知识内容深刻、内涵更丰富的素材帮助学生发展数据分析能力，让学生学会用数学的眼光关注国家大事，如中国粮食总产量、恩格尔系数；聚焦身边的小事，如免票线调整、身高中的问题等真实情境。引导学生从现实背景中发现、提取数据，分析数据，做出合理预测。在学习数学的同时，形成尊重事实、用数据说话的思维品质。

(二) 综合运用知识，贯通中运用

精研细磨空中课堂，不能只对某一个知识点进行复习，还要把通读小学阶段教材与习题研究结合在一起。综合运用所学知识，分析统计图表，用数据进行预测仍是学习的难点。学生根据想了解的问题收集信息。根据统计表信息，结合统计图的特点，有的学生用扇形统计图直观呈现医护人员分布情况，发现护士占比最多；有的学生用折线统计图呈现 10 天新增确诊人数，发现每日确诊人数下降趋势明显。学生经历从获取信息、分析数据到推测疫情趋势的全过程，综合运用统计的知识，学会用数学的思维分析生活中的问题，体会统计的现实意义，形成用数据说话的思维意识。

20分钟的线上整理和复习课，"忆、理、练"缺一不可，"忆"是问题驱动下的有目的、个性化的主动学习；"理"是为了抓住知识的本质以及知识间的联系，形成良好的认知结构；"练"是为了完善知识体系以及提高应用能力。学生经历"忆、理、练"的过程，在独立思考、交流碰撞中沟通知识间的联系，以"问题"为驱动，在贯通中应用。

第三节 暖心育人，让孩子成为最好的自己

苏霍姆林斯基在《给教师的一百条建议》中说道："一个好老师意味着什么？首先意味着她是一个热爱孩子的人，感觉到和孩子交往是一种乐趣，相信每一个孩子都能成为一个好人，愿意和他们交朋友，关心孩子的快乐与悲伤，了解孩子的心灵。"

"养鱼贵在养水，养花贵在养土，教育贵在温暖人心。"作为教师的我们，只要真正拥有对儿童与工作的诚心，就可以在任何情况下对孩子做到耐心、冷静、不倦，成为温暖孩子内心的那个人。

新接班的第一天的第一节课上我就注意到他了。他坐在第二排，身材瘦小，课堂上总是低着头，看不到他的眼神，听不到他的声音。他不与老师、同学交流。老师叫他的名字三遍，他才缓缓地抬起头看教师一眼。我能感觉他不在集体中，不在课堂上，不在学习状态。

下课，同学们欢快地玩着，我又看见他仍旧是静静地坐在自己座位上，"小祁到老师这儿来"，这句话我说了三遍，他才缓步走过来。"今天课堂上学的你都听懂了吗？"没有听到回答的声音，却发现他人虽站在我身边，却出神地看着正在玩耍的同学们。

教他几天后我感觉到，他数学学习上确实存在困难，上课听讲不抬头，做题不拿笔写，偶尔写也是错误连篇，字迹凌乱不清晰。

通过几天课内课外的接触，我知道课堂上他总是低头是源于数学学习的巨大困难；我知道他不愿写作业，因为改前一次错题时间大于写作业时间；我知道他课堂上不拿笔写，是因为他有太多的不会；我知道他课上课下躲闪

的眼神，是因为没有丝毫学习的信心与热情。这样的孩子需要教师给予一种力量，给予一种期待，点燃一个希望。

亲其师信其道，为了让他先喜欢接近我，每次给他补习的前后，我总是让他帮助解决一些问题。如让他帮老师找支出水的红笔，帮老师找某某同学，送教具到其他班，然后我总是夸赞他"你真是我的得力小帮手！"一个小小的帮忙让他开始改变，从原来叫三遍名字才抬头到现在有时会主动找我："老师，有什么我能帮忙的吗？"每当这时我会高兴地说："太好了，我正要找你帮忙呢。"尊重是友善的开始，信任是交流的开始。

接下来的日子，面对他数学学习中的困难，我利用课后的时间单独给他讲、练、补。但是每次单独补习时他的注意力都不是很集中，错误百出，而且愁眉苦脸，让我百思不得其解。

终于在一篇日记中，我明白了其中的原因。一天班主任老师随口说："小祁这周的日记写到你啦！"我很好奇，于是拿来他的日记本认真阅读，其中一段话让我心中为之一颤，一个画面映入我的眼帘，"今天我又错了很多题，陈老师放学后让我留下来改，我很着急，妈妈在外面等着接我，而妹妹自己一个人在家。她很害怕自己在家，上次因为我改错出来晚了又遇到堵车，回到家天都黑了，妹妹一人在家害怕地躲在被窝里，我心里很难过，想着以后不能用那么长时间改错，不能让妹妹独自在家等。改完错陈老师奖励我一块糖，我想留着回家给妹妹吃。"看到这里我的眼睛湿润了，因为我发现了一个有爱的哥哥，相信他能做最好的自己。

看了日记后，我找来小祁一起聊聊，得知他很爱不到三岁的小妹妹。还没有上幼儿园的妹妹由妈妈照顾，妈妈开车接他放学不方便带着妹妹。为了不让他的妹妹独自在家等太长时间，我和小祁商量另外约个时间补习，同时希望他上课要认真听讲，这样才不会错那么多，他欣然接受。这之后小祁做起事来注意力比以前集中，当有一点点的进步时我就表扬他的努力，奖品也总是给双份。走进孩子的生活，我的内心是幸福和温暖的。

一个学期过去，他不仅能回答简单的问题，有时还能简单发表自己的看法，赢得全班同学鼓励的掌声。他开始渐渐走进课堂，慢慢成为课堂的小主人。小祁的变化让我相信，每一个孩子的内心都应该拥有希望。

小祁的事让我深思，暖心育人就是有爱的教育，有爱就意味着细心的发现、耐心地等待。正如苏霍姆林斯基所说："一个好老师，关心孩子的快乐与悲伤，了解孩子的心灵。"小祁的事让我感受到，教师用自己的言行来温暖孩子心灵的同时，也一定会从孩子们的成长中收获温暖，这份温暖在播种中、在耕耘中、在守候中、在陪伴中、在鼓励中、在坚信中……暖心育人，将宽容、耐心与智慧的引导、鼓励相结合，让孩子成为最好的自己，终将收获温暖自己、温暖学生的甜美果实！

第四节 在辨析、逐步建构的过程中发展学生思维

《义务教育数学课程标准》指出："学生的学习应当是一个生动活泼的、主动的和富有个性的过程。认真听讲、积极思考、动手实践、自主探索、合作交流等，都是学习数学的重要方式。"这一理念在新概念建立的教学编排中得到了充分的体现。积极思考是学生在学习中自行探索的结果，合作交流中的辨析是体现学生主体地位的重要途径。如何在教学中创设问题冲突引发学生间的辨析？如何在辨析的过程中发展学生的代数思维？"用字母表示数"一课中的小案例引发了我的思考。

一、辩论环节

"用字母表示数"的教学中，从生活中的扑克牌，到"数青蛙"的儿歌，到学生熟悉的师生年龄问题，从而引出"用一个式子表示任意一年老师的年龄，及学生和老师年龄的关系"的问题。然后让学生自主探索、同桌交流、全班汇报，孩子们都积极踊跃地介绍自己的算法：

生1：学生年龄n，老师年龄n。

生2：学生年龄x，老师年龄$x+y$。

生3：学生年龄89，老师年龄$89+27$。

生4：学生年龄a，老师年龄$a+b$。

生5：学生年龄 n，老师年龄 $n+27$。

在学生反馈这几种想法时，教师都安排了展示环节，一方面是展示学生独立思考后的想法，促进所有学生读懂别人的想法；另一方面收集各类想法，为学生的交流辨析提供素材，逐步理解用字母表示数的双重含义。

教师展示了学生独立思考后的各种想法，紧接着问："哪种表示可以解决刚才提出的问题？理由是什么？"学生展开了小组交流讨论。在前面学习的基础上，全班交流汇报时第一个学生说："不同意 $89+27$，因为只表示了学生89岁时老师的年龄。"第二个学生说："不同意 n，n 的表示，因为师生年龄不同，而相同的字母表示的是相同的数。"第三个学生说："$a+b$，因为 b 表示任意数，而不是固定的27岁。"第四个学生说："不同意 $x+y$，因为不能反映老师比学生大27岁的关系。只有 $n+27$ 适合。"教师追问道："$n+27$ 表示什么意思？"学生在辨析、排除之后，说出 $n+27$ 既表示关系又表示老师年龄。

二、提出问题

课堂教学片段中出现的问题，引起笔者的思考：

第一，用字母表示数的本质是什么？正如开篇所指出的，学生的学习应当是主动的和富有个性的过程。应该说学生在原始课的学习过程是顺畅的，为了达到既定教学目标，理解含有字母的式子的双重含义，突破了教学难点"含有字母的式子"可以表示结果。所以在设计字母表示数的原始课时，课前半段设计了生活中熟悉的扑克牌、"数青蛙"儿歌、具体数据的年龄问题的铺垫，规避了学生对于 $n+27$ 等于多少算不出来的问题。学生为什么认为 $n+27$ 算不出来？用字母表示数的数学本质又是什么呢？

第二，如何在"字母表示数"的教学中让学生实现思维方式的转变？学生的内在逻辑是 n 代表未知数，$n+27$ 也是未知数，题目中未告诉 n 是多少，自然也无法知道 $n+27$ 表示多少。$n+27$ 从算术角度看还只是个算式，并没有得出结果，怎样引导学生实现算术思维向代数思维的转变呢？教学环节需要做怎么样的调整？于是新的教学思路产生了，有了以下改进课的教学设计。

三、分析

针对上述所提问题，在参阅相关文献的基础上，做如下分析：

（一）"用字母表示数"教学引发认知冲突，实现思维方式的转变

案例回放：改进课"逐步建构的过程"

改进课的引入开门见山，没有任何的铺垫，教师先板书"妈妈比儿子大27岁"这一信息，然后问："除了用文字描述关系以外，还能用哪些方式表示这一关系？"学生在独立思考的基础上，有了如下的结果：

生1：妈妈年龄＝儿子年龄＋27 或 妈妈年龄－27＝儿子年龄。

生2：儿子年龄是n，妈妈年龄$n+27$。

生3：$a-27=b$ 或 $b+27=a$。

生4：儿子年龄是a，妈妈年龄是$a+27$。

生5：妈妈年龄是x，儿子年龄是y，$x-y=27$。

接着教师设问："哪个与文字描述的数量关系不吻合？"学生挑选出的是$n+27$和$a+27$，理由是只列式没有结果。开门见山的引入暴露出学生的元认知水平，学生的内在逻辑是字母n或a代表未知数，$n+27$或$a+27$也是未知数，题目中未告诉n或a是多少，自然也无法知道$n+27$或$a+27$表示多少。对于含有字母的式子$n+27$或$a+27$，学生还只是站在算术角度看，没有得出结果。

由于学生在学习字母表示数之前，主要是"过程"层面的思维方式，形成的思维方式是列出的算式要算出确定的结果。这种思维方式对将一个代数式作为思考的对象，是不能接受的。"对象"层面的思维方式，关注算法本身，而结果是多少是次要的。所以学习"字母表示数"的一个难点是，将含有字母的式子既看作一个过程又看作一个对象，是抽象性的关系和确定性结果的统一。

教师呈现不同学生独立思考的结果，就是要为学生相互交流、相互学习提供平台，使不同层次的学生敢于表达自己的见解，引导学生通过讨论交流，汲取他人思维的精华，不断促进概念的理解。因此，改进课上充分发挥

教师的引导功能，以学生已有认知经验为基础，引导学生超越算术思维水平，发展代数思维水平。算术关注的是结果，代数关注的是数量关系，为了让学生易于发现数量关系，代数中可以将两个量之间的关系看作最后的结果。如果教师将设问改为："能用一个式子表示任意一年老师的年龄吗？"对于学生理解含有字母的式子可以表示结果的教学效果会更好。

(二)"用字母表示数"的教学重视经历"数学发展史的过程"，关注数学理解

"用字母表示数"是人类在数学认识发展过程中的一大成果。研读数学史可看出，其主要经历了三次飞跃。一是语言表述性阶段，其特征是用通常的语言描述来求解特定类型的问题，并没有运用符号或特别的记号来表示未知量。语言表述可以帮助我们了解不同数量之间的关系，也可以体现概括性，比如"妈妈的年龄比小红的年龄大 27 岁"，但是不够简洁。二是缩记代数阶段（3—16 世纪），是由古希腊的丢番图创立的。公元 4 世纪，丢番图首先用希腊文"数"的第一个字母来表示数。虽然开始用字母表示数，但还是停留在算术思维，或者说是过程性思维阶段。三是符号代数阶段（约 16 世纪），韦达开始使用一个字母去代表已知量，从而进入了符号代数体系发展中的第三个阶段。这个阶段不仅用字母表示未知量，也用字母表示已知量及其运算，超越了各类数量的具体意义，从一般意义上用字母来表示它们，被公认为代数学发展历史上的一个里程碑。

基于以上对字母表示数的发展史的了解，教师在改进课的练习环节中设计了如下练习：

(1) 每天做 6 道口算题，若干天做了（　　）道口算题。

(2) 每分钟走 6 千米，从家到学校走了（　　）千米。

(3) 笔的单价是 6 元一支，若干支笔花了（　　）元。

你能按上面的样子编一道类似的问题吗？

因为做题的天数、从家走到学校的时间、购买笔的支数未知，填空时大多数学生都会用含有字母的式子表示，这三个问题是 3 个情境，大多数学生

都会用 3 个不同的字母表示，a 表示做题的天数，x 表示走路的时间，b 表示买笔的支数，用 $6a$ 表示做口算题数，用 $6x$ 表示所走的路程，用 $6b$ 表示买笔的总价。编一道类似的问题，进一步体会用字母表示数的简洁、概括性，初步感知含有字母的式子既可以表示关系又可以表示结果。此时教师适时地介绍用字母表示数的三个历史发展阶段，引出了在三个情境中都可以概括用 $6n$ 表示。让学生在经历人类认识数学的过程中，为学生构建数学理解提供了支撑。

"用字母表示数"看似浅显，但是它是由具体的数和运算符号组成的式子过渡到含有字母的式子。很显然，用字母表示数的过程，不是字母代替文字的过程，而是具体数量符号化的过程。关键是教师如何在教学中引导学生去体验和领悟"符号化"的过程，对学生原始认知的不同层次进行分析比较，在交流和分辨中促进学生代数思维的发展。

第五章　提问策略下的小学数学教学设计案例

第一节　复式折线统计图

【教学内容】

人教版教材五年级下册第七单元例2"复式折线统计图"。

【政策理论依据】

"统计与概率"教学对培养学生数据分析观念起着重要的作用。"数据分析观念"是《义务教育课程标准（2011年版）》十个核心概念之一，统计课程的核心是发展学生的数据分析观念。史宁中教授提出数据分析观念的三个重要方面的要求：体会数据中蕴含的信息；根据问题背景选择合适的方法；通过数据分析体验随机性。这三个方面正体现了统计与概率独特的思维方法。

到底什么是数据？义务教育阶段，数据主要是用数来表达的，事实上数据不仅仅是数，也包括图像和语言。只要蕴含一定的信息，无论是什么表现形式都是数据，统计就是帮助人们从大量数据中提取信息，本质上是通过数据进行推断。

"折线统计图"作为"统计与概率"领域的学习内容，教学的核心是发展学生的"数据分析观念"。

【教材分析】

"折线统计图"是人教版五年级下册第七单元的学习内容，属于统计与概率领域。

本单元学习之前，学生已有知识经验：第一学段，侧重统计知觉的培养。学生掌握了收集、整理、描述、分析数据的基本方法。第二学段，有一些具有背景的理性思考，可以渗透随机和概率的思想。学生会用统计表（单式和复式）和条形统计图（单式和复式）来表示统计结果，并能根据统计图表解决简单的实际问题，积累了初步的统计知识。

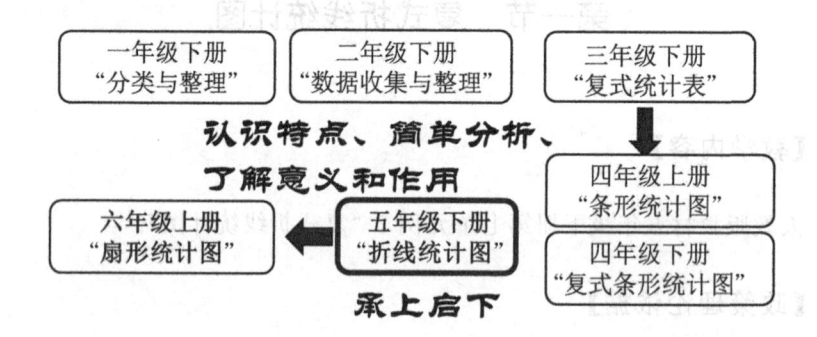

折线统计图（单式和复式）是根据折线的变化特点对数据进行简单的分析，让学生更好地了解统计在现实生活中的意义和作用，有效建构数据分析观念，对后续学习扇形统计图起着承上启下的作用。

本课时"复式折线统计图"是人教版五年级下册第七单元折线统计图单元例2。本单元有两个例题，例1是单式折线统计图，通过统计表、条形统计图、折线统计图对比，认识折线统计图及其特征。例2是从单式折线统计图引出复式折线统计图，感受复式折线统计图特点。这两道例题的设计循序渐进，既遵循学生认知发展规律，又体现知识和方法的整体衔接与纵向贯通。

【学情分析】

五年级学生的相关知识储备如何？我给35名学生布置了两道前测题目，

题目如下：

1. 图中有我们学习过的条形统计图。
你知道由点连成的线是（   ）统计图。
生活中你在哪儿见过这样的统计图？

2. 看统计图回答问题。

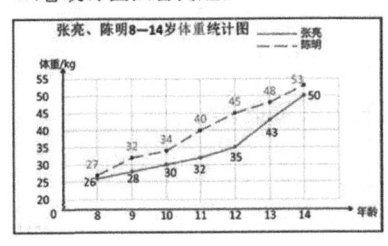

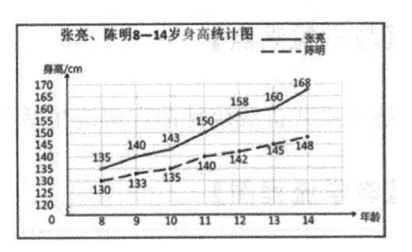

（1）根据两张统计图，你获得什么信息？

（2）张亮和陈明的身高、体重是怎样变化的？

（3）根据全国标准身高比较，你有什么发现？又对他们有什么建议？

前测情况分析：第一题，40%的学生知道折线统计图，88.6%的学生有感性经验。第二题，60%的学生发现上升趋势，能分别说出每组数据变化。存在问题：学生关注不到数据之间差异的变化趋势特点，不能在比较中很好地发现数据背后的意义。

基于教材、学情分析，教师需要思考问题1：选取什么样的素材让学生愿意亲近数据？问题2：如何帮助学生体会数据中蕴含的信息？问题3：如何帮助学生体会统计的现实意义？

【教学目标】

（1）理解复式折线统计图的结构和特点，会用复式折线统计图描述数据，能进行比较、分析和预测，感受数据所蕴含的信息。

（2）经历复式折线统计图的比较、分析、判断、推理、解决问题的过程，积累数据分析经验，发展数据分析观念。

（3）感受复式折线统计图在解决生活问题中的价值。

【教学重难点】

感受复式折线统计图在解决生活问题中的价值。

【教学流程图】

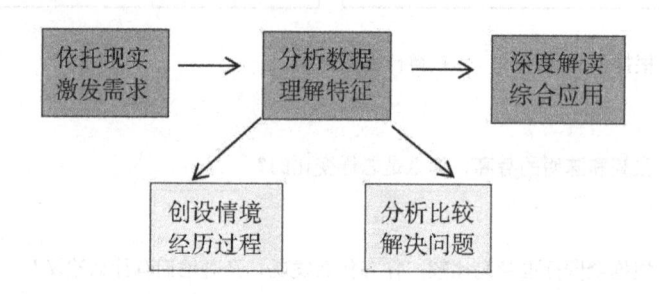

```
依托现实      分析数据      深度解读
激发需求  →   理解特征  →   综合应用
                ↓    ↓
           创设情境   分析比较
           经历过程   解决问题
```

【教学过程】

环节一：依托现实，激发需求

谈话：课前调查班级同学家庭情况、10年前班级统计情况（如图），推测3—5年后班级的情况。

74

生：猜测

阅读信息1："二孩"政策，提出什么问题？

预设：为什么出台这个政策呢？与什么有关？……

阅读信息2：老龄化、出生人口、死亡人口

师：老龄化现状结论得出，"二孩"政策出台依据什么？

预设：数据、调查、收集、整理、分析。

【设计意图】从真实社会问题入手，联系时事阅读信息，引发学生思考探寻"二孩"政策出台背后的原因，有意识地培养学生"社会责任"的核心素养。

环节二：分析数据，理解特征

一、创设情境，经历过程

（一）感悟特征

过渡：2010年第六次人口普查数据的依据。

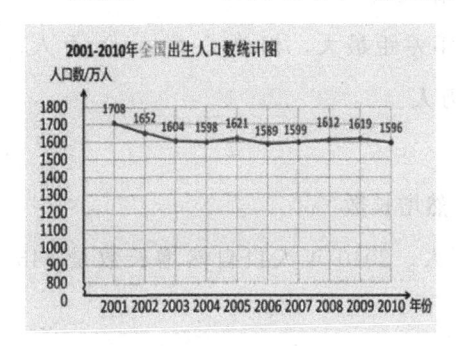

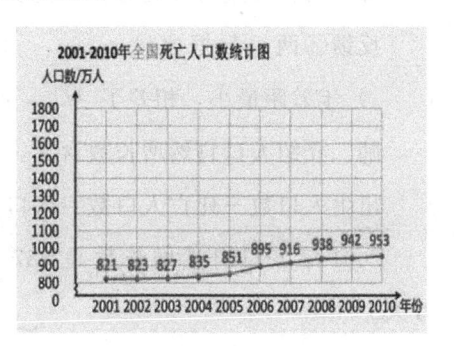

调查了解2001—2010年全国出生人口数和死亡人口数的变化情况，选择（　　）合适。

①条形统计图　②折线统计图

师：为什么选②？

预设：能看出变化趋势。

（二）数据分析

出示：全国单式折线统计图

2001-2010年全国出生人口数和死亡人口数统计图

师：两组数据如何更好比较？

师：观察复式折线统计图，从中能获得哪些信息？

生：看统计图回答问题，交流反馈。

反馈①（　　）年出生人口数最少，（　　）年死亡人口数最多。

预设：2006年、2010年。

提问：为什么是2006年？（因为1589小于1596）

师应对：要进行准确分析，需要数据比较。

反馈②两组数据比较，（　　）年差距最大，相差了（　　）万人；（　　）年差距最小，相差了（　　）万人。

师：介绍人口自然增长数含义：

出生人口数－死亡人口数＝人口自然增长数

2001年人口自然增长数是887万人，2010年人口自然增长数是643万人。

反馈③描述一下全国出生人口数和死亡人口数的变化趋势。

推测2020年全国出生人口数和死亡人口数的情况。

预设1：出生人口数下降，死亡人口数上升。

师应对：这个变化趋势在单式折线统计图中也能看出，从复式折线统计图中又能看出什么？

预设2：全国人口自然增长数呈逐渐减少的趋势。

师：观察发现全国出生人口数和死亡人口数差距的总体变化趋势，这就是复式折线统计图的另一个重要的特点。（板书：差异）

预测：估计一下 2020 年出生人口数和死亡人口数变化趋势如何？

预设 1：趋势图估计差距继续减少。

预设 2：2001 年相差 887 万人，2010 年相差 643 万人，2020 年相差 400 万人。

预设 3：2016 年"二孩"政策出台，差距加大。

小结：根据规律推断 2020 年的情况，需要实践检验，关注 2020 年第七次人口普查。

【设计意图】利用学习单问题引导，通过计算人口自然增长数，经历复式折线统计图表示数据的分析过程，逐步感悟复式折线统计图的特点和作用。

二、分析比较，解决问题

（一）分析比较上海出生人口与死亡人口差距变化趋势

过渡：用全国一组数据一个例子说明社会现象，感觉怎么样呢？（不充分，不具有说服力……）

师：继续调查收集数据，关注全国最先进入人口老龄化的城市——上海。

观察复式折线统计图，有什么发现？

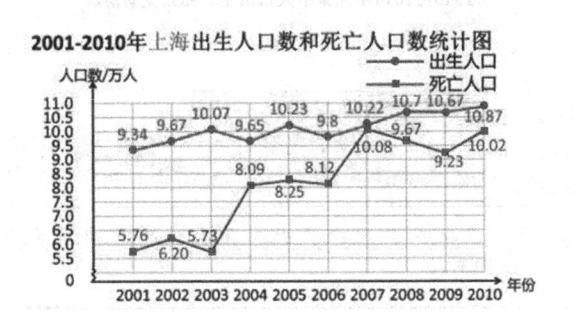

2001-2010年上海出生人口数和死亡人口数统计图

预设 1：2003 年差距最大，2007 年差距最小。

预设 2：死亡人口数都高于出生人口数（出生人口数比死亡人口数少）。

预设 3：出生人口数和死亡人口数的差距越来越小。

师：以 2010 年为例，出生 10.02 万人（少），死亡 10.87 万人（多），

上海市总人口数比现有人数增长还是减少？（减少）

上海市 1995 年开始人口负增长。

（二）解决问题

师：观察全国、上海数据反映的趋势，通过统计与分析，你知道为什么 2016 年国家出台"二孩"政策吗？

生讨论交流。

预设：增加出生人口数，避免人口负增长，缓解人口老龄化。

小结：统计学家从现有的趋势预测中国未来三十年老龄化爆发。从全国人口普查数据，再聚焦上海，用更多的数据做更全面的分析，从而做出科学判断。

【设计意图】在中国与上海数据对比中，从局部人口负增长现象预测全国人口未来趋势，感受数据收集、整理、描述、分析预测对解决人口问题的价值，发展数据分析观念，有意识地培养学生"问题解决"的核心素养。

（三）视频

看看北京的情况。从新中国成立后 60 多年的大数据统计分析中，你有什么新发现？

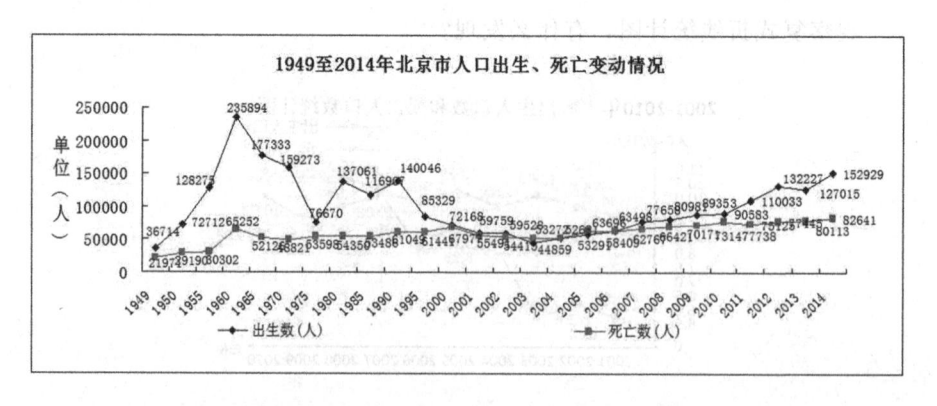

1949至2014年北京市人口出生、死亡变动情况

提问：上海和北京两个城市的统计图，有什么共性？

预设 1：死亡人数变化比较平稳。

预设 2：出生人数不稳定，变化大，与政策的调节有关系。

提问：三组数据比较，有什么共同规律？你有什么感受和大家分享？

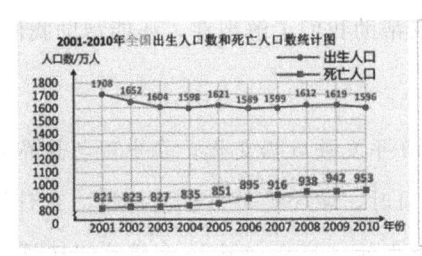

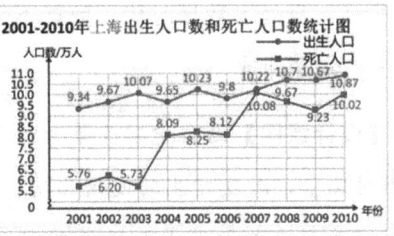

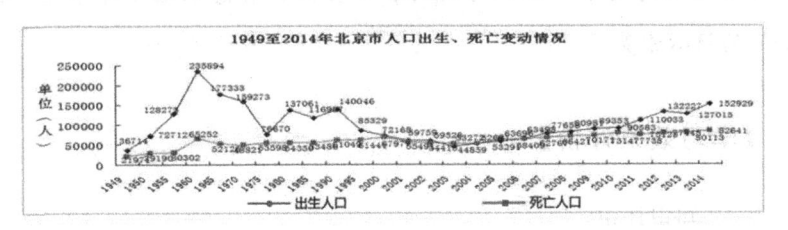

预设：自然增长数减少。

预设：数据会说话，数据的变化带来政策的调整，数据分析有用、全面、长远……

小结：统计的知识、方法在人口发展战略研究中发挥着巨大的作用，其实除了统计人口问题，生产、生活中很多地方都会用到统计的知识。

【设计意图】重视统计学习的现实意义，结合全国、上海、北京人口变化的复式折线统计图，谈体会、说感受、做预测。感悟数据对决策的影响，政策的调控带来的数据变化（不确定性体现），揭示数据分析的重要性。

环节三：深度解读，综合应用

微视频：改革开放40年中国GDP情况。

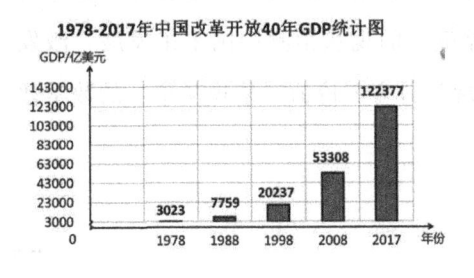

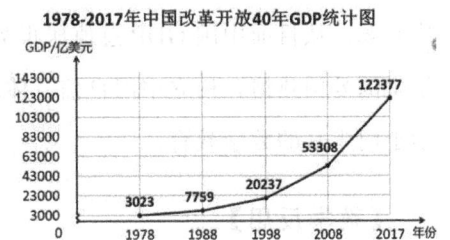

生谈观后感悟。

师：应用什么知识？折线统计图看出近10年中国飞速发展。

小结：身处大数据时代，数据不仅帮助我们了解现在，还能帮助我们回顾过去，展望未来。

【设计意图】结合中国改革开放40年发展数据变化，在中国与世界的数据对比中，激发学生的爱国热情。同时，学会更辩证、更理性、更科学地审视多彩的大千世界和纷繁的社会生活，有意识地培养学生"理性思维"的核心素养。

【学习效果评价】

一、知识评价

利用学习单问题引导，通过计算人口自然增长数，经历复式折线统计图表示数据的过程，逐步感悟复式折线统计图的特点和作用。

> 看统计图回答问题。
>
> 1.（　　）年出生人口数最少，（　　）年死亡人口数最多。
>
> 2.两组数量比较，（　　）年差距最大，相差了（　　）万人；（　　）年差距最小，相差了（　　）万人。
>
> 3.描述一下全国出生人口数和死亡人口数的变化趋势。推测2020年全国出生人口数和死亡人口数的情况。

二、情感评价

从人口问题、国民经济GDP统计等，学生借助经验，通过对比思考解决问题。从目前中国GDP总值居世界第二的现状预测中国未来发展，激发学生的爱国热情，树立中国自信，体现学科育人价值，体现从单一的数学教学走向丰富的数学教育。

【教学反思】

课堂的风景在于以学为中心，学生有问题意识，能热情参与，并且乐于探究，展开深度学习，形成发展性与创造性学力，获得学习幸福感。具体体

现以下几点:

一、多组比较培养数据意识

本课将发展数据分析观念贯穿始终。通过多组比较,即从统计表到统计图、从单式折线统计图到复式折线统计图、从全国到上海、从中国到世界,学生从一次次比较中体会同样的数据,根据希望研究的问题,选择不同的方法,学会用数学的语言表达世界,让"问题解决"的核心素养得以落实。

二、真实问题驱动数据分析

本课结合社会现实问题,通过为什么出台"二孩"政策的大问题,驱动数据分析。学生经历调查收集数据、汇总整理数据、描述表达数据、分析应用数据的统计全过程,愿意亲近数据。从国家政策到社会老龄化现象再到小家庭人口结构老化,将数学知识与现实世界之间建立紧密联系,激发爱国情怀。从关注数据过渡到基于数据进行推断,用数据说话提升理性思维,培养科学精神,让核心素养成为数学教育的首要目标。

执教本节课,在理念学习与实践探索过程中,经历学习—实践—反思—再实践,不断修改完善。

思考一:"选取什么样的素材让学生愿意亲近数据?"身边的事实是学生最感兴趣的,从调查独生子女和"二孩"家庭情况入手,选取人教版五年级下册"老龄化"社会的现实、真实问题,力图体现选材具有真实性。

思考二:"如何帮助学生体会数据中蕴含的信息?"从先确定决定"老龄化"社会的影响因素开始,再通过人口普查相关数据,根据需要绘制合适的统计图,看图分析数据,解决国家出台"二孩"政策的大问题,力图体现问题具有合理性。选取上海、北京、全国多地域数据,建立联系,综合分析,解决问题。

思考三:"如何帮助学生体会统计的现实意义?"结合时事新闻、《中国统计年鉴》、中国GDP总值,激发学生探究兴趣和关注国家大事的热情,让学生充分感受数据分析在日常生活中所起的作用与价值。这有助于学生形成尊重事实、用数据说话的态度。通过数据说话,是现代社会的需要,更是人们适应多元化社会的生活本领。

数据分析观念的培养，并不是一朝一夕的事。它不等同于计算、作图等简单技能，而是需要在亲身经历的活动中培养出来的，是逐步形成的。只有将学生的数据分析观念渗透到平时的课堂教学和学生的日常生活中，才会有成效并日趋完善。

第二节　角的分类

【教学内容】

"角的分类"是人教版《义务教育课程标准实验教科书·数学》四年级上册第三单元"角的度量"中的内容，属于"空间与几何"领域中"图形的认识"这部分的内容。学生在低年级学习了角的初步认识，直角、钝角、锐角，四年级上册学习"角的度量"。

一、角的概念

"角可以看作有一条射线绕着它的端点，从一个位置旋转到另一个位置所成的图形"（四年级上册人教版教材中的说法）；"角也可以看成是由一条射线绕着它的端点旋转而成的图形"（七年级上册北师大版和人教版教材中的说法完全一致），这是从运动的观点来看角是怎么得到的，本质上是一条线做旋转运动而产生角。以后再定量地刻画"旋转"变换（运动）的程度，就自然可以用角度来度量。

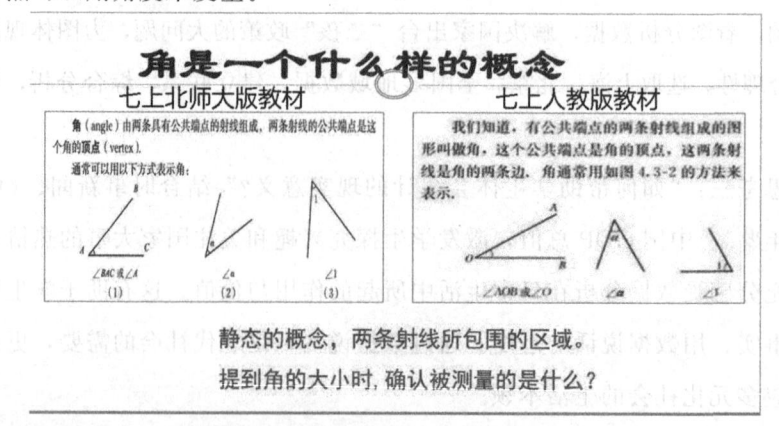

图 5-1　角的概念

二、学习角的度量的实际应用价值

从现实情境层面看：要设计制作某类开口的结构，肯定要考虑材料之间的角度大小问题。高年级学习"相似比"，能借助角度来计算超长的距离，而不是"傻傻地"去直接量超长的那段距离。

从对数学对象的认识来看，认识一些几何图形的特征不仅可以从边的特征去研究它们，还可以从角的角度来刻画它们。中学学到三角函数时就会发现生活中对角的运用实在多得不得了。

三、"角的分类"一课中怎样更好地从旋转来理解角的概念

本节课教学是在学生初步认识角、会用量角器量角、认识静态角的基础上，进一步认识角，即从直观认识过渡到利用度数来定义。对锐角、钝角的认识也上升到抽象的数学层面，即用度数范围来定义这两种角。

本节课课题虽为角的分类，实则通过"分"，从了解的锐角、直角、钝角的基础上，认识平角、周角，借助角的度数这一要素，明晰五类角的关系。本节课主要是在运动状态中认识平角、周角，通过教学进一步促进空间观念的发展，是学生认识上的一次飞跃，为学生中学学习大于360度的角奠定基础。

因此，本课需要找准知识的生长点，帮助概念的建构；细化课时目标，注重有效落实；在运动上下功夫，经历概念形成过程；加强对比，抓住角概念的本质内涵，发展学生抽象思维。

【教学目标】

（1）理解角的含义，进一步认识锐角、直角、钝角，知道平角和周角，并能根据角的度数区分这几类角，理解几类角的关系。

（2）经历做角、量角、分类的活动，体会想象、表征角的大小关系，培养学生表达、推理能力及空间观念。

（3）培养学生科学严谨求实的态度，感受生活与数学的密切联系。

【教学重难点】

教学重点：正确建立平角和周角的概念，能按角的度数特点对角进行分

类；掌握几类角之间的关系。

教学难点：知道角的形成过程，建立角的两边重合的周角概念。

【教学流程图】

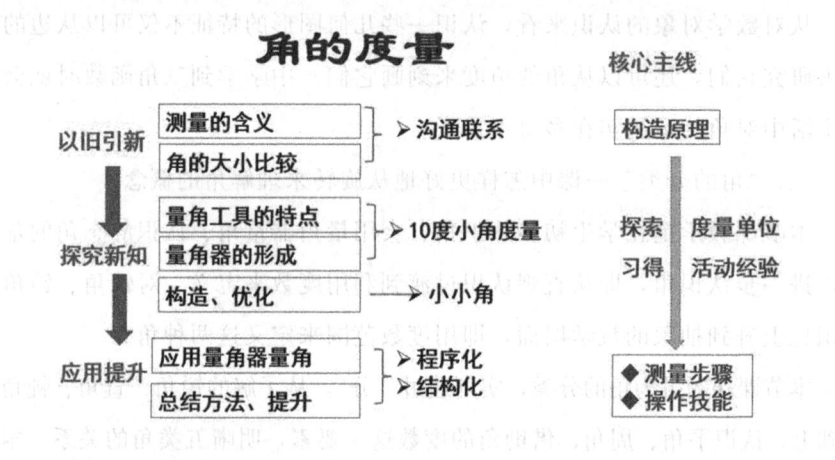

角的度量

以旧引新：测量的含义、角的大小比较 → 沟通联系

探究新知：量角工具的特点、量角器的形成 → 10度小角度量；构造、优化 → 小小角

应用提升：应用量角器量角 → 程序化；总结方法、提升 → 结构化

核心主线：构造原理 → 探索习得：度量单位、活动经验 → ◆测量步骤 ◆操作技能

【教学过程】

一、以旧引新

（一）复习角的定义

师：前面研究角的度量，今天我们继续研究角。（出示一个角）用一句话概括什么叫作角？

生：由一点引出的两条射线所组成的图形叫作角。

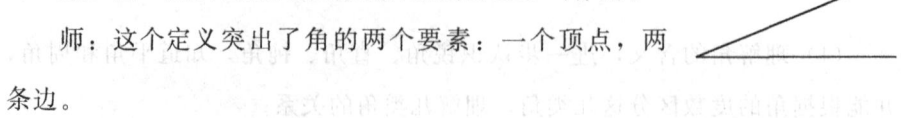

师：这个定义突出了角的两个要素：一个顶点，两条边。

这是什么角？（出示直角）我们还学过什么角？（板书：锐角、直角、钝角）

生：平角、周角、外角、零角、优角、劣角。

（二）动态中进一步认识直角、锐角、钝角

师：角的两边不断张开，判断是什么角？

课件演示：旋转一条边形成各种角

1. 认识直角

师：一条边不动，一条边旋转，判断是什么角？怎样证明是直角？

生：三角板直角比、量角器测量（板书：直角=90°）。

师标上直角符号。

2. 认识钝角、锐角

师：直角的一条边继续旋转判断是什么角？为什么？

生：小于直角的角是锐角，大于直角的角是钝角。

小结：直角作用真大，是区分锐角和钝角的标准。

师：（出示88°角）判断是什么角？直观看不好确定，怎么办？（测量）

知道直角=90°，那么锐角和钝角多少度？（板书：90°，小于90°，大于90°）

【设计意图】把握知识的生长点——以直角为突破口，唤起学生对已学过的锐角、钝角的回忆，体会直角是锐角、钝角的分界线。动态演示直角的形成过程，借助量角器，利用度数刻画角，使学生进一步认识直角、锐角、钝角，从直观认识过渡到利用度数来定义，对锐角、钝角的认识上升到数学层面的抽象，即用度数范围来定义。

二、探究新知

（一）动态中认识平角

师：用自己的话描述什么是平角？

预设：成一条直线；180°的角；两个直角大……

师：平角是怎样形成的？

准备折扇，制作一个平角，指一指平角的顶点和两条边在哪里？

生交流汇报。

（课件演示）生指一指平角。

生概括：一条射线绕着端点旋转半周，形成的图形叫作平角。平角的表示方法（半圆）。

师：平角多少度？你怎样知道？

生：用量角器测量（1平角＝180°）。

师：用原有的（直角）知识，可以证明平角是180°吗？（1平角＝2直角）

（二）动态中认识周角

过渡：这个"平"字让我们想到了平角是平平的，像条直线。接下来研究周角，这个"周"字怎么理解呢？（中国汉字的神奇之处）

师：用自己的话描述什么是周角？

用折扇制作一个周角，把做的过程说出来，指一指周角顶点和边在哪里？

师指名汇报。

师：两条边在哪儿？为什么只看到一条？（重合）

生：整整一周360°。

小结：一条射线绕着端点旋转一周，形成的图形叫作周角。周角的表示方法（圆）。

师：怎样证明周角是多少度？

生：两个180°，4个90°。（1周角＝2平角＝4直角）

（三）角的动态定义（课件演示）

师：回顾刚才认识的两位新朋友，在旋转中形成角。

小结：其实我们认识的所有大大小小的角，都可以看作由一条射线绕着它的端点，从一个位置旋转到另一个位置所组成的图形。

比较：角的静态、动态定义。

师：比较新的角的定义和前面学习过的角的定义，同一个概念不同的定义，有什么关系？有什么区别？

生：都有一个顶点、两条边（要素相同）。

生：新定义是旋转形成的。

小结：新定义描述角的形成过程，是动态的。学过的定义明确角的各部分要素，是静态的。重点不同，但多样的表述让我们对角的概念有了更深的认识。

举例：生活中、动态中形成的角。

生：钟表指针、折尺、开关的门、举手的动作（未举手0°角）……

提问：在现实生活情境中本来就存在大量的通过旋转产生角的现象，你能举个例子吗？

【设计意图】从动态的角度引出平角和周角。关注学生的操作经验，经历角的动态形成过程，建立两种特殊角的表象，探索周角、平角和直角之间在度数方面的倍数关系。利于学生对"角"的相关知识做系统认识，为后面学习角的分类打下基础。

三、应用提升

（一）五类角的度数特征

做角：利用学具制作一个你喜欢的角。

量角：测量角的度数，大大地写在学具上。

分类：你做的是什么角？选取一个最快最好的贴在相应的位置。

生展示，全班交流汇报分类情况。

师：（旋转直角的位置）这是直角吗？为什么？

小结：不管开口朝什么方向，只要是90°就是直角。

师：（旋转平、周角的位置）这是平、周角吗？为什么？

直角、平角、周角这三类角有什么共同特点？

生：度数固定、唯一。

师：五类角里谁比较特殊？

生：锐角、钝角，有很多。

师：只有（随机度数）的角是锐角吗？还有吗？

生：大于0°小于90°的角都是锐角。

师：只有（随机）的角是钝角吗？还有吗？

预设：大于90°的角是钝角。

师：平角、周角大于90°是钝角吗？

预设：还要小于180°。

（板书：大于90°小于180°的角是钝角）

小结：在分类活动中我们知道了锐角、钝角的度数范围。

（二）锐角、直角、钝角、平角和周角的关系

师：把这五类角从小到大排列起来。

生填书42页例2。（板书：锐角＜直角＜钝角＜平角＜周角）

师：这样排序以什么为标准？

生：角的大小、度数。

小结：按照角的度数对角进行了分类整理，借助分类的方法，把无数个角整理得清清楚楚。

【设计意图】通过做角加深学生对不同类型角的表象的认识，结合分的过程对这几种角的特征做进一步确认。引导学生关注锐角、钝角度数的范围，通过"分类"明晰这五类角的关系。

四、全课小结

师：二年级学习角的初步认识，今天我们又一次走近它，同学们有什么新的收获？

小结：二年级直观认识角，今天在运动中认识角，还学会用角的度数给角分类。

我们沿着学习的脚印，中学会进一步走进丰富多彩的角的世界。

第三节　等号的再认识

【学情分析】

四年级30%以上的学生下意识地在等号后面计算出结果，"＝"扮演的角色仍然是得出。由此看出，学生只是把等号作为运算结果的符号，忽略其等价关系的含义。这说明用已知数求未知的算术思维占主导，代数思维薄弱。

等号的含义：表示数与数、式与式或数与式相等的符号叫等于号，也记成等号，记作"＝"。包含两大方面：程序性观念，即表示运算结果；关系性观念，即表示等价关系。因此本课帮助学生领悟等号的多重含义，通过多种形式活动渗透"＝"的代数含义。

如何借助恰当的方式，搭建桥梁让学生从算术思维过渡到代数思维，顺利完成转变？我的思考：从不平衡中找平衡，借助天平模型理解等号含义；从浅知到深知，设计开放活动渗透代数思维。

【教学目标】

（1）在等号表示运算结果的基础上，丰富等号的意义，进一步理解等号还可以表示左右相等的关系。

（2）借助天平让学生通过创造平衡状态、记录平衡关系，经历符号化的思维过程，初步发展代数思维。

（3）学生积极参与数学活动，积累代数活动经验，感受数学简洁美，体会知识间的联系性。

【教学重难点】

用式子记录平衡关系，感受等号的等价意义。

【教学过程】

一、动画片欣赏

师：小虫在跷跷板上跑来跑去和数学有什么关系？我们就借助这种生活中的平衡现象，开始今天的学习。

知道小虫的质量，你们会用式子记录跷跷板平衡的状态吗？

预设：130＋50＝100＋80

师：什么符号连接了跷跷板两边小虫的质量？

过渡：小小的等号从一年级学习数学就开始认识它，你对它有什么了解？

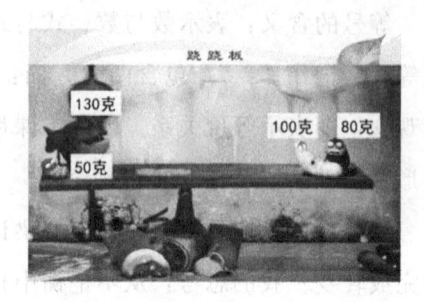

预设1：运算得到结果。

预设2：表示相等。

小结：今天学习等号的再认识，重点研究等号表示相等关系。

【设计意图】动画短片呈现生活中的平衡现象，赋予小虫质量，并会用等式表示。用跷跷板生活原型激活学生的代数思维。

二、探究新知，理解意义

（一）实验探究——看得见的天平

1. 介绍天平

师：说到平衡，老师给同学们介绍一个重要的朋友——天平，它的原理和跷跷板一样。

天平的作用是什么？天平左边放 300 克砝码，天平会怎样？

学生演示。

2. 表示平衡关系

（1）提问：要想使天平平衡应该怎么做？

预设1：右边放 300 克砝码。

预设2：右边放 200 克和 100 克砝码。

预设3：合起来是 300 克，左右相等，天平平衡。

……

小结：只要天平右边物体质量总和也是 300 克，天平就能平衡。

（2）用式子记录天平平衡状态。

板书生1、2、3的式子，像这样的式子写得完吗？

出示：300＝△＋□，谁能读懂式子的意义？

预设1：左边300克，右边△表示某个质量，□表示另一个质量。

预设2：△＋□的质量合起来是300克，天平平衡。

提问：300＝△＋□式子与前面几个式子有什么不同？

预设1：用数字和图形表示。

预设2：前面式子表示确定关系，后面表示不确定的关系。

小结：看来创建平衡，只要左右两边物体质量相等就可以用"＝"连接两组量。

"＝"表示相等关系。

【设计意图】借助天平，从不平衡中找平衡关系，用式子记录平衡关系，初步理解等号表示相等关系；渗透符号思想；体会数学表达的简洁性。

（二）拓展提高——看不见的天平

在生活中，在原来的学习中，像这样的例子还有很多。

(1) 小组合作——找"相等关系"的例子。

出示：任选一个学习材料，用式子记录。

学习材料1：

学习材料2：

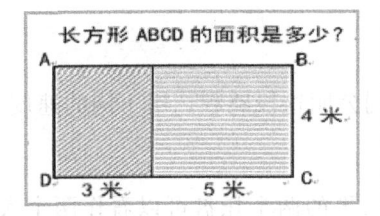

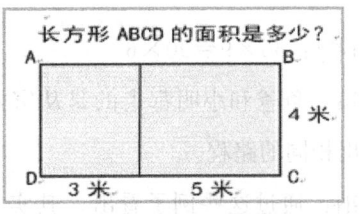

学习材料3：

```
一共有几张桌子？
□ □ □ □
□ □ □ □
□ □ □
```

学习材料4：

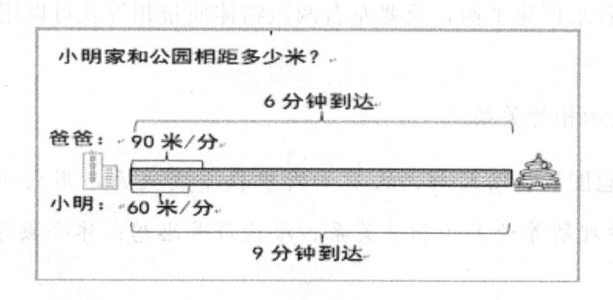

```
小明家和公园相距多少米？
         6分钟到达
爸爸：90米/分
小明：60米/分
         9分钟到达
```

（2）学生交流汇报。

预设1：1平方分米＝100平方厘米

小结：左右两边用不同的计量单位，都表示大小一样的正方形面积。

预设2：3×4＋5×4＝(3＋5)×4

小结：不同方法计算长方形的面积，符合乘法分配律。

预设3：2×5＋3＝3×5－2

10＋3＝3×3＋2×2

小结：几个不同的算式都是求桌子的数量，数学中可以从不同的视角描述同一事物。用等号连接表示左右相等。

提问：左右两边交换位置，还可以用"＝"表示吗？

观察两位同学的等式，你还能找到新的相等关系吗？小小的等号作用巨大！

预设4：60×9＝90×6

小结：爸爸和小明都走的是从家到公园这段路程，用不同的速度、时间可以算出相同的路程。

归纳：通过这些例子看出，其实天平的两个托盘可以看作两个大箩筐，只要平衡什么都可以装（质量、面积、路程、运算律），找到相等关系，并用等号连接。

【设计意图】从不同的角度表示同一事物，用等号连接表示相等关系。根据等号左边写等号右边，体会等号的反身性。即等号在逻辑上表明一种等价关系。

三、总结

仅仅用几十分钟时间，从生活中的跷跷板的平衡，到天平平衡，然后用已有的知识举例，再次认识等号，既表示运算结果，还表示相等关系。

看似司空见惯的小小等号，它的发展经历了上百年，让我们一起走进等号的历史。（视频短片）

我们会在五年级学习方程，它会进一步帮助我们认识等号的相等关系。

【板书设计】

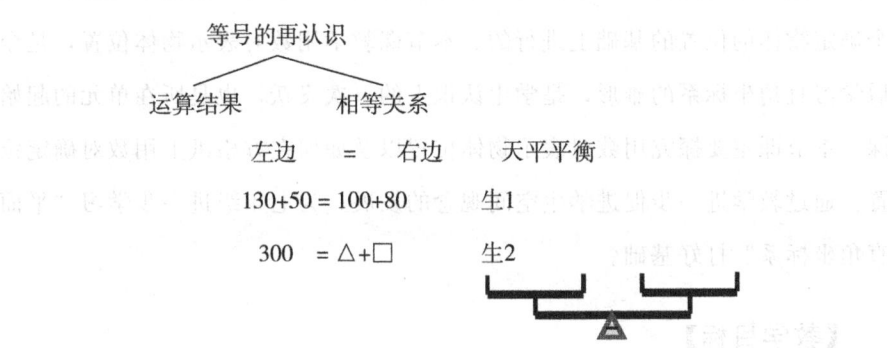

等号的再认识

运算结果　　相等关系

左边　＝　右边　　天平平衡

130+50 = 100+80　生1

300　= △+□　　生2

【教学反思】

人教版五年级上册第五单元"简易方程"是真正培养学生代数思维的开始。凡是有数学的地方，就有等号的身影。或许因为它的普通和无处不在，学生反而对它缺少足够的关注，缺乏科学、明晰的认识。选择"等号的再认识"进行研究有两个原因。一是从学段衔接层面：低年级人教版一年级上册有多种形式的练习渗透等号代数含义。中高年级学习"等号的再认识"重点让学生建立起相等的关系——"左边＝右边"，这也正是"＝"的本质含义，符号两边的量相等（学习方程的概念从认识等式开始）。二是从课标层面：数学是研究数量关系和空间形式的科学。所以让学生明确数量间的关系是最重要的（列方程解决实际问题时的基础就是根据题意找等量关系），这会直接影响到学生数学知识体系的建立和数学思维方式的形成。

第四节 位置与方向

数对确定位置

【教学内容】

"数对确定位置"是人教版《义务教育课程标准实验教科书·数学》五年级上册第二单元"位置"中的内容，属于"空间与几何"领域中"图形与位置"这部分的内容。本节课是在学生低年级学习了如何根据第几组、第几个确定物体的位置的基础上进行的。本节课教学用数对表示物体位置，是今后学习直角坐标系的雏形，是学生认识上的一次飞跃，也是所在单元的起始课。本节课主要探究用数对表示物体位置以及如何在方格纸上用数对确定位置。通过教学进一步促进学生空间观念的发展，为七年级进一步学习"平面直角坐标系"打好基础。

【教学目标】

（1）知识与技能：在具体情境中认识行、列的含义，初步理解数对的含义，会用数对表示具体情境中物体的位置，能在方格纸上用数对确定位置。

（2）过程与方法：经历探索用数对确定物体位置方法的过程，学会确定位置的方法，渗透坐标思想及数形结合思想，发展学生的空间观念。

（3）情感态度价值观：在具体情境中感受数对与生活的密切联系，体会数学的价值，感受数学简洁的美。

【教学重难点】

教学重点：会用数对表示具体情境中物体的位置，能在方格纸上用数对确定位置。

教学难点：理解"0"既是列的起始也是行的起始，能把生活中对位置的认识与表述数学化。

【教学过程】

一、用数对确定具体情境中的位置

师：四年级的时候我们学习用方向和距离确定物体位置的方法。今天我们从一个新的角度研究确定位置的方法。

（一）创设情境，描述位置

1. 在小组中确定位置（一维空间）

（1）师：这里是我们班的几位同学的照片，你能介绍一下萱泽的位置吗？

预设：从左数第 3 个，从右数第 4 个。

（2）提问：都是描述一个人的位置，为什么一会儿是第 3 个，一会儿是第 4 个呢？

预设：数的方向不同。

师：看来为了便于交流，首先要统一数的方向。

（3）提问：横排时我们通常从左往右数，现在有了这样的规定，该怎样描述萱泽的位置？

预设：从左往右数第 3 个。

2. 在全班中确定位置（二维空间）

（1）师：从一排中你们会用一个数就确定萱泽的位置，要把她放在整个班级中，你们还能表示她的位置吗？

请你设法表示她的位置，写在纸的上方。

（2）学生活动：写一写。

(3)汇报交流。

预设：

生1：从上往下数第3排，从左往右数第5个。

生2：从左往右数第3组，从下往上数第5个。

生3：从左往右数第3组，从上往下数第3个。

生4：从右往左数第4组，从上往下数第3个。

提问1：萱泽的位置没有动，为什么我们的描述方法却变了呢？

预设：只有一排时介绍位置从左往右数就行。

　　　排数多了，就要介绍第几排第几个。

提问2：这么多种说法，你有什么感觉？

为了便于交流，需要把表述方法统一。

(二)统一约定，认识行列

1. 数学中竖排叫列，横排叫行

提问：确定第几列一般从哪边往哪边数？行数呢？

确定第几列一般从观察者的角度从左往右数，确定第几行一般从下往上数。

2. 你能用统一规定后的列、行说说萱泽的位置吗？

预设1：第3列第5行。

预设2：第5行第3列。

师：用行、列表示比刚才更简洁了，也更准确了。

【设计意图】通过课前调研，从学生几种常见的做法入手，确定位置，以此产生认知冲突，引发统一标准的需求，体会统一表达标准的必要性，便于交流。

(三)认识数对，形成概念

1. 导入

师：第几列第几行还是有点麻烦，能不能把这种方法再简化一下？

2. 小组活动：学生创造

板书：3　5　↑，→　(5,3)，(3,5)，三5……

师：同学们真了不起，这么短时间内就创造了这么多种不同的表示方法。

提问：这些方法还有一个共同的地方，是什么？

预设：都用了3和5两个数。

师：同学们真善于观察，发现都用了两个数介绍萱泽的位置。

提问：大家不约而同地保留了这两个数，说明什么？

生：说明两个数很重要。

提问：3和5各表示什么意思？

反问：只给你第3列，能确定班中萱泽的位置吗？只给第5行呢？

看来在整个班级中介绍某位同学的位置，列数和行数缺一不可。

3. 建立概念（教师边板书边叙述）

（1）导入：大家写得都挺简洁的，哪种方法更好。

数学家采用的是（3，5），你能看明白吗？

（2）小结：像这样用列数和行数组成的一对数，叫数对。（板书：数对）认识了数对就可以用数对确定位置。

（3）写法：用数对表示位置时，先写列，再写行，中间用逗号隔开，同时用小括号括起来，共同表示一个位置。

4. 有序性

导入：为了便于观察和思考，用方格表示每个人的位置。（课件）

有位同学的位置是（5，3），指出他坐哪儿？你怎么知道的？

追问：（3，5）和（5，3）这两个数对都有5和3，它们表示的位置为什么不同呢？

小结：（3，5）和（5，3）这两个数对，数的顺序不同，表示的位置也就不同。看来数对中两个数是有顺序的，这对确定位置很重要。（板书：顺序）

5. 数对在现实情境中应用

导入：既然我们学会了用数对表示位置，那么你能用数对表示你在教室中的位置吗？

预设生：我在……

师：你把哪列看成第1列？

评价：这位同学多了不起，一下子就学会了"换位思考"。大家坐着的时候也要学会从观察者的角度去思考。

师：谁用这种方法介绍一下你好朋友的位置？大家找一找。

生1人介绍，大家报名字。

【设计意图】学生在四年级已经学过了用方向与距离确定位置，因此确定平面上点的位置需要用两个数，是学生完全可以在"同化"的基础上完成的。在此，重点是通过让学生观察对比（3，5）和（5，3）的区别与联系，使学生认识数对的有序性。

二、用数对确定方格图上的位置

（一）认识原点（0，0）

1. 引导

师：回头再看我们的座位图，如果把每个人都看成平面上的点，把列想成竖线，行想成横线，就成了这样的方格图。我们在方格图上研究新的问题。

2. 解决问题

师：我们一起到动物园看看。

课件出示：将熊猫馆抽象成点。

1) 设问：你能用数对表示熊猫馆的位置吗？

预设1：不能。

教师应对：为什么？

预设2：没有行和列。

教师应对：没有行和列不能用数对表示熊猫馆的位置，怎么办？

预设3：头脑建立方格图。

教师应对：（出示方格图），现在你能用数对表示熊猫馆的位置吗？

预设4：（5，2）

教师应对：表示什么意思？第1列和第1行在哪？

(2) 谈话：老师是这样画方格图的。

课件出示：动物园在（4，1）对吗？

预设1：不对。

教师应对：为什么？

预设2：没有0行0列。

教师应对：现实物体中没有。数学中，直尺上的0表示什么呢？

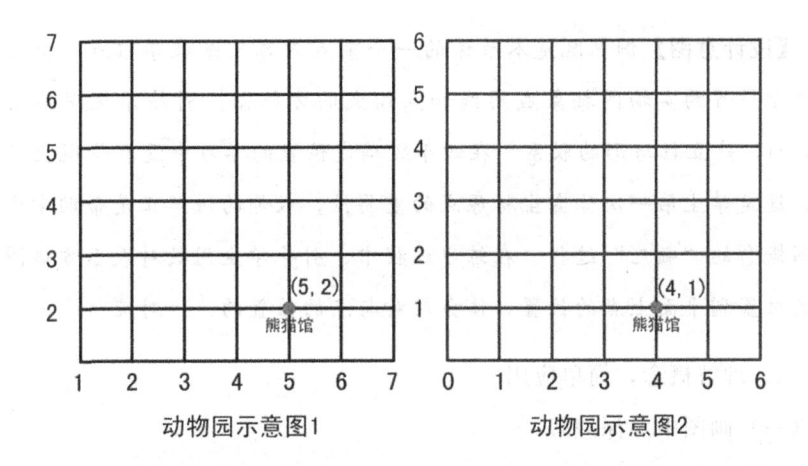

```
 7 │ │ │ │ │ │ │ │          6 │ │ │ │ │ │ │
 6 │ │ │ │ │ │ │ │          5 │ │ │ │ │ │ │
 5 │ │ │ │ │ │ │ │          4 │ │ │ │ │ │ │
 4 │ │ │ │ │ │ │ │          3 │ │ │ │ │ │ │
 3 │ │ │ │ │ │ │ │          2 │ │ │ │ │ │ │
 2 │ │ │ │ │(5,2)│ │         1 │ │ │ │(4,1)│ │
   │ │ │ │ │熊猫馆│ │           │ │ │ │熊猫馆│ │
   1 2 3 4 5 6 7              0 1 2 3 4 5 6

     动物园示意图1                动物园示意图2
```

提问：熊猫馆这个点的位置没变，为什么相应的数对却发生了变化呢？

生：图1从1开始数，图2从0开始数。

提问：由此你有什么新的发现？

生：方格开始的数不同，同一个点的位置用不同的数对来表示。

师：看来在统一的规定里，除了方向和顺序，还少不了起点呢。（板书：起点）

(3) 小结

"0"既是列的起始又是行的起始。

(二) 巩固练习

(1) 大门在（3，0），在图中画出它的位置，商品部在（   ，   ）。

(2) 设计其他场馆所在的位置。

先填空：猴山在（   ，   ），狮虎山在（   ，   ），再在图中画出它的位置。

小结：设计的数对不同，图中场馆的位置不同。

99

(3) 动物园扩建，还能用数对表示这两个场馆的位置吗？

有什么办法确认一下这两个数对？

生：把格线往外画。

(4) 小结：别小看这一小小的突破，我们确定了观察的起点（0，0）后，平面上所有点的位置都可以用数对表示。反过来，只要有一个数对也都能在平面上找到它的对应点。（板书：点 ——对应 数对）

【设计意图】例2既是本节课的一个重点内容又是教学难点，把用数对表示位置的实物图抽象成用线和点组成的方格图。引导学生观察数对（x，y），建立数与形的联系。在四年级确定位置的学习中没有体现坐标原点，这是学生第一次体会坐标原点的重要性，教师的讲解正是帮助学生完成新概念的"顺应"过程。在练习过程中，引导学生用数对表示方格图上点的位置到平面上点的位置，体会数对与点的位置的一一对应。

三、理解概念，简单应用

(一) 画图中加深理解

1. 导入

今天学习的用数对确定位置的方法，不仅可以解决生活中的问题，在数学研究中也非常有用。

2. 提问

三角形 ABC，你能用数对表示三角形三个顶点的位置吗？

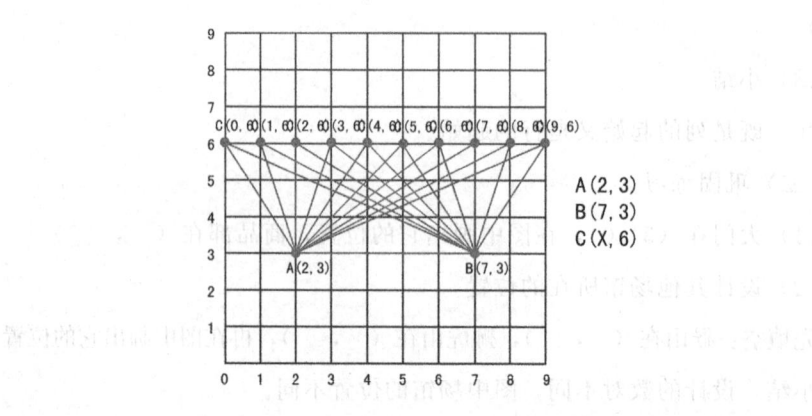

先描点 A（3，2），B（3，7）不变，C点数对是（X，6）。

C点的位置可能在哪儿？

3. 学生活动

描点、用数对表示、画出三角形。

小组交流有什么发现？

4. 汇报交流

（1）C点的这些数对对应点的位置有什么特点？（都在一行）能用一个数对表示这些顶点吗？（X，6）。

（2）想象一下符合顶点是（X，6）的三角形有多少？它们的面积有什么关系？

（3）小结：看来如果数对中第二个数相同，那么这些点的位置在同一行。

提问：那要是第一个数相同呢？（那么这些点的位置在同一列）。

如果这个三角形A点和B点不变，那么C点的位置用数对怎样表示？出示（5，D）（5，1）（5，2）（5，4）（5，5）想象，用课件演示。

板书：（5，Y）且 y≠3。

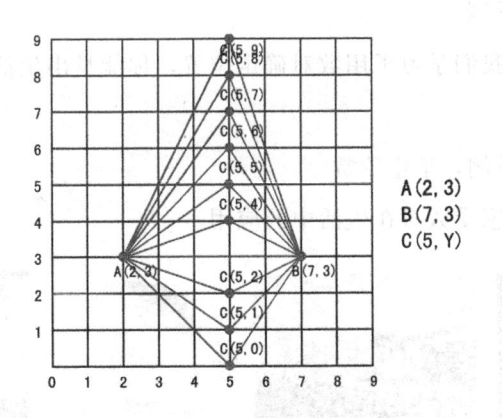

5. 小结

用数对来确定位置后，图形的特点能反映到数对里，反过来，数对的特点也能反映到图形上。有了数对，我们就可以通过数对研究图形了。这是数学家送给我们的珍贵礼物。

(二)介绍数学家就是"笛卡尔"

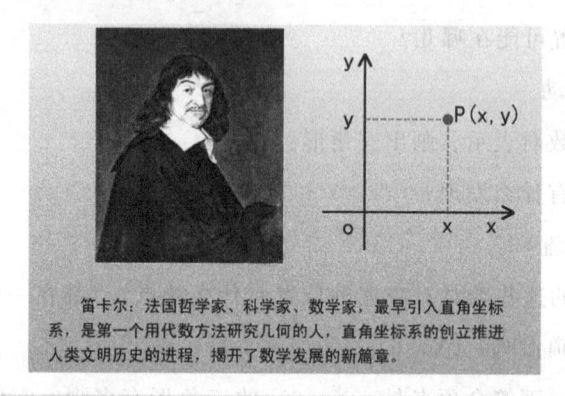

笛卡尔：法国哲学家、科学家、数学家，最早引入直角坐标系，是第一个用代数方法研究几何的人，直角坐标系的创立推进人类文明历史的进程，揭开了数学发展的新篇章。

【设计意图】在方格纸上画图，是一种特殊的操作活动，它在确定位置的教学过程中，具有不可或缺的作用。学会画图反映了学生是否理解数对的含义，是否能根据数对确定位置。这里教师设计在方格纸上画三角形C点的位置，让学生先猜想再"画"，通过活动，看清楚数对所对应点的位置，再比较、观察、讨论画好的三角形的特点。画图既承载了对数对知识深化理解的作用，又深化了对已有平面图形特征的认识。

四、数学文化，体验价值

(一)学生举例

师：刚才，我们学习了用数对确定位置，你能举出生活中用数对确定位置的例子吗？

(二)教师举例，学生欣赏

播放短片：感受数对在生活中的应用

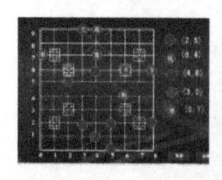

【设计意图】学习用数对确定位置的一个重要目的是使学生运用数学的眼光看待现实世界。在感受确定位置的应用的阶段，教师借助信息技术，动态呈现数对在生活中的应用，体会数学的应用价值。

【教学反思】

一、数学思维在等待中产生

在进行"确定位置"学习过程中，课堂上出现了一个小"花絮"，这个"花絮"让我认识到学生的课堂生成是重要的教学资源。

花絮1："没有0行0列。"

在例2的教学环节：用数对表示熊猫馆的位置，学生在例1的学习基础上，自主构建方格图，起始点（1，1），所以用（5，2）表示熊猫馆的位置。接着课件出示教师画的方格图，起始点（0，0），用（4，1）表示熊猫馆的位置，此时老师问这样表示是否可以。学生异口同声说不行，学生的答案是没有0行0列。学生的回答不是教师期望的可以用（4，1）表示，他们的认识还停留在实际情境中，而没有上升到真正的数学层面。教师适时引导，启发思维：对比学生自己构建的方格图和老师画的方格图，发现有什么不同？学生在观察对比中发现起点不同，教师引导学生回顾一维空间的直尺，0表示的意义是起点，因此在方格图中"0"既是列的起始，又是行的起始。由此可见，实际座位图可以使学生明确"行""列"的含义，确定第几行、第几列的规则，掌握用数对确定学生位置的方法，同时也会对抽象的方格图中用数对表示平面上点的位置的教学带来负迁移。这个"不期而遇"的课程资源来自学生的惯性思维，经历了这个"对话"的过程，教师引导学生从具体情境到数学表达过渡，提升了学生用数对确定位置的认识。

花絮2："有什么共同之处？"

创造更简洁的方式环节，小组合作创造不同的更简洁的表示方法，教师先请学生介绍自己的想法，再适时提问学生："这些方法有一个共同之处，是什么？"通过这一提问，引导学生发现不同方法中的共同属性，用两个数确定点的位置。

教育家苏霍姆林斯基说："教学的技巧不在于能预见课的所有细节，在于根据当时的具体情况巧妙地在学生不知不觉之中做出相应的变动。"

二、学习活动在理论指导下产生

例1的教学是本节课的教学重点。在具体情境中认识行、列的含义，初步理解数对的含义，会用数对表示具体情境中物体的位置，学生在四年级已经学过了方向与距离确定位置，因此确定平面上点的位置需要用两个数，是学生完全可以在"同化"的基础上完成的。例2既是本节课的一个重点内容，又是教学难点，把用数对表示位置的实物图抽象成用线和点组成的方格图。引导学生观察数对（X，Y），建立数与形的联系，在四年级确定位置的学习中没有体现坐标原点，这是学生第一次体会坐标原点的重要性，教师的讲解正是帮助学生完成新概念的"顺应"过程。通过皮亚杰认知发展理论指导下设计的由实物图—方格图—坐标系的逐渐抽象学习过程，在学生头脑中建立平面直角坐标系雏形，继而培养学生的空间观念。

三、思想方法在求知中渗透

回顾本节课的教学实践，是"基于数学发展历史、课标理念（几何直观、空间观念）、课程纵向发展（一年级、四年级、六年级和初中数学）的研究"。备课时，教师查阅了大量的资料，学习了相关知识。在教学中注重数形结合思想的渗透，使学生体悟：用数对来确定位置后，图形的特点能反映到数对里，反过来，数对的特点也就能反映到图形上。有了数对，我们就可以通过数对研究图形了。学生经历的正是类似法国数学家笛卡尔思考的"如何实现点与数的对应"问题，这是用代数的方法研究图形的思想，是笛卡尔解析几何思想的精髓。

方向、距离确定位置

【教学内容】

"方向与距离确定位置"是人教版《义务教育课程标准实验教科书·数学》六年级上册第二单元"位置"中的内容，属于"空间与几何"领域中"图形与位置"这部分的内容。本节课是在学生低年级学习了如何根据第几组、第几个确定物体的位置，五年级上学期能够利用数对精确地表示平面内一个点或一个区域的位置的基础上的学习。本节课教学利用方向和距离这两个参数确定平面上一个点的位置，初步渗透关于极坐标法的思想和方法，是学生认识上的一次飞跃，也是所在单元的起始课。通过教学进一步促进学生空间观念的发展，为七年级学习"平面直角坐标系"打好基础。

【教学目标】

（1）通过具体生活情境了解确定位置在生活中的重要作用，掌握用方向和距离确定位置的方法。

（2）学生经历探究确定物体位置方法的过程，理解只有同时知道方向和距离这两个条件才能准确确定物体位置。在探究中，使学生初步理解东偏南、南偏东等的含义，发展学生的空间观念，建立初步的极坐标思想。

（3）在学生描述物体位置的过程中，进一步培养学生的观察能力、识图能力和探究能力。

【教学重难点】

教学重点：能根据带角度的方向和距离确定物体的准确位置。

教学难点：正确理解东偏南、南偏东等的含义，初步了解线段比例尺的含义。

【教学过程】

环节一：生活情景导入新课

一、谈话引入

师：三年级我们已经学过关于位置与方向的知识，今天我们继续学习。（板书位置与方向）

师：今天的研究内容与台风有关。（看视频1）

对比看风暴潮、大风、暴雨、泥石流，看出台风威力极大，破坏力强，它是世界上最严重的自然灾害之一。

师：为了减少台风造成的恶劣后果，应加强台风来临之前的预报。（看视频2）

这是我们每天都收看或听到的天气预报。今天聘请同学们当台风预报员。

【设计意图】通过台风造成危害的视频，引发学生产生减少台风造成的恶劣后果，预报台风位置的需求。

二、提出问题

师：（出示图1）平面图上的一个点表示 A 市，另一个点表示台风中心，我们站在哪里观察台风？

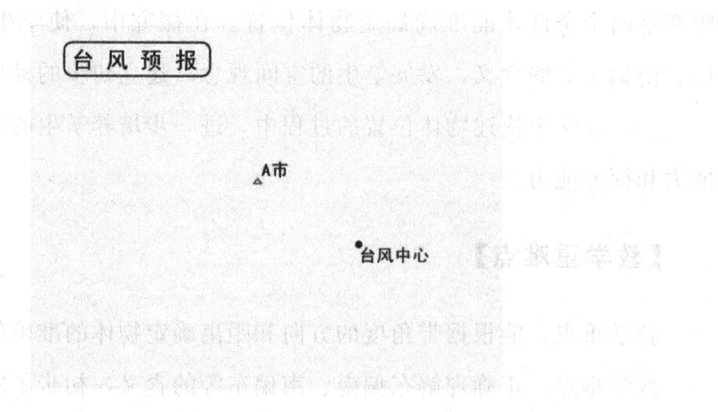

师：（出示图2）把 A 市放在十字坐标中心，作为观测点去观察台风。

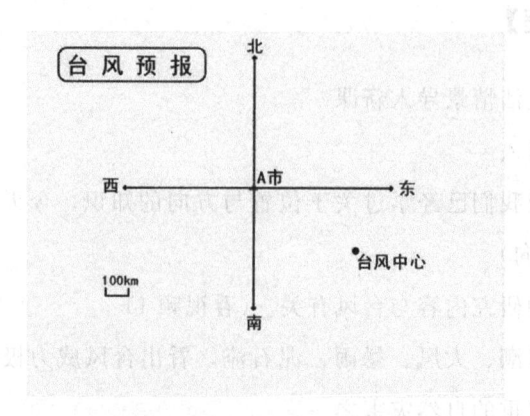

师：(出示图3) 现在你能够确定台风中心的具体位置吗？试着写一写。

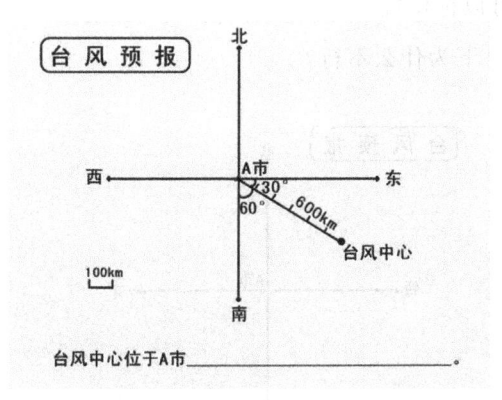

[台风预报图：以A市为中心的坐标，北、南、西、东四个方向，台风中心位于东南方向，角度30°、60°，距离600km，比例尺100km]

台风中心位于A市_____。

生独立完成之后小组交流。

【设计意图】创设怎样确定台风具体位置的问题，明确本节课的研究内容，调动学生已有的认知基础，引发新的认知冲突。

环节二：自主探究理解确定位置的方法

一、矛盾冲突1

师：认真倾听同学的台风位置预报，根据他的播报，你能在图中确定台风的位置吗？

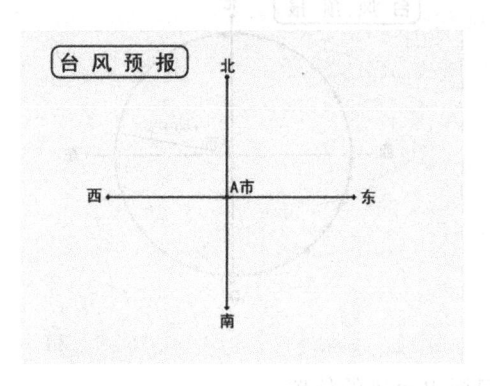

[台风预报图：以A市为中心的坐标，标有北、南、西、东四个方向]

预设：台风中心位于A市的东南方，能确定台风的具体位置。

可以在这幅图上标出台风的位置。

师：他认为在这里，你呢？(找4－5名同学) 为什么这样点？你说的区

107

域是哪里？

　　预设2：不可以标位置。

　　师：请解释一下为什么不行？

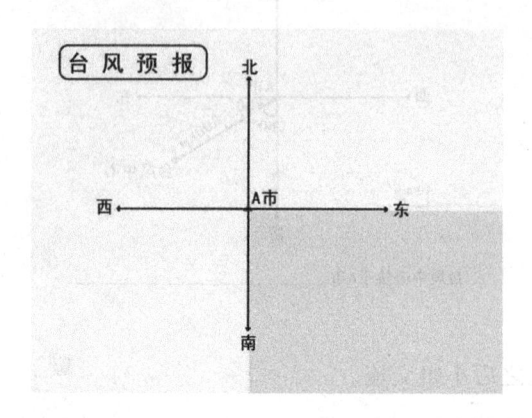

　　小结：看来只知道台风在 A 市的东南方，我们不能确定具体位置，只能确定在这样一个区域里。

二、矛盾冲突2

　　师：台风与 A 市的距离约 600 千米，能确定台风的具体位置吗？

　　预设：可以。

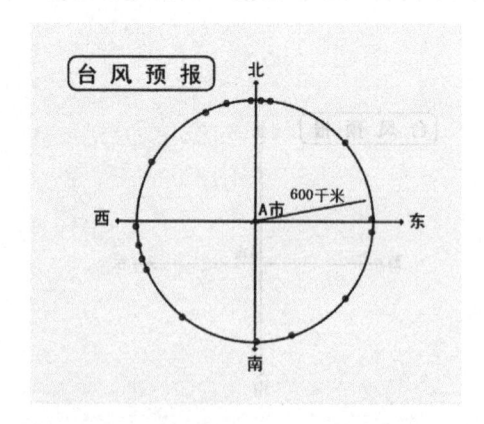

　　师：请同学们标出台风的位置。

　　师：他认为在这里，你呢？为什么这样点？

　　预设：不可以确定具体位置。

师：请解释一下。

师：像刚才距离 A 市 600 千米距离画出的点可以有多少个？想象一下如果把无数个点连接起来是什么形状？

小结：看来只知道台风距 A 市 600 千米，我们还不能确定准确位置，只能确定台风在距 A 市 600 千米的这个圆上（手势）。

三、矛盾冲突 3

师：台风在 A 市的东偏南 30 度，能确定台风的具体位置吗？

（一）思一思

师：30°角在哪？角的两边分别是什么？另一个大角是多少度？

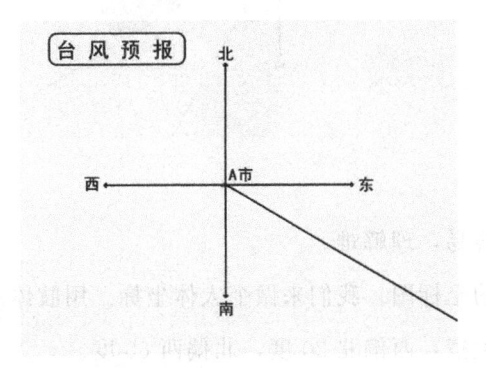

生：偏东方向的是 30°角，角的两边是坐标轴东和斜着的线。

师：这里有很多角，为什么这个角就是 30°角？

生：东和南形成 90°角，这个角小，是 30°；另一个角是 60°。

师：东偏南是什么意思？

生：东南方向偏东一点。

师：把哪个方向作为标准开始看？

生：把 A 市的东作为标准开始看。

借助课件动态直观演示。

师：量角方法点对齐，用量角器的中心点与观测点对齐。

量角器的 0°刻度线跟什么方向重合？再向南旋转多少度？

小结：观察真仔细，我们在 A 市看，这样从东开始慢慢向南旋转 30°的方向叫东偏南30°。

(二) 议一议

师：理解了什么是东偏南30度，那什么是南偏东30度？

生：从南向东旋转30°。

借助课件动态直观演示。

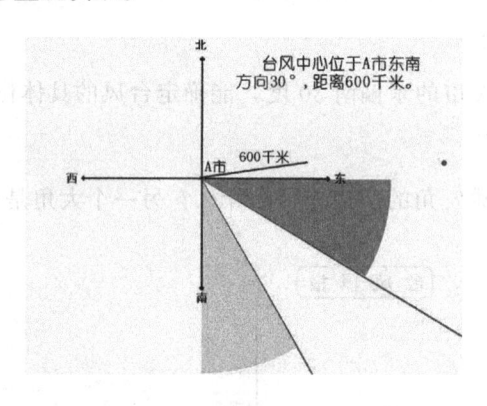

(三) 猜一猜

师：说起来容易，理解难。

照着黑板上的坐标图，我们来做个人体坐标。用肢体动作来表示。

老师演示学生猜：西偏北20度，北偏西60度。

学生演示学生猜：……

（人体坐标）听清口令，再动。

(四) 辨一辨

师：台风在A市的东偏南30°方向，能确定台风的具体位置吗？

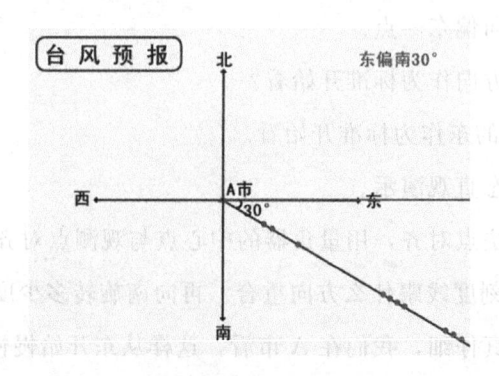

预设：能确定。

师：请同学们标出台风的位置。

师：他认为在这儿，你有不同意见吗？

预设：不能确定。

师：解释一下为什么不行？

师：你们真会思考，看来知道台风在A市东偏南的方向，我们只能确定台风在这条线上。(手势)

小结：请看屏幕（课件），只知道方向，我们可以确定台风的位置在这样一个区域里；即使知道了台风在A市的东偏南30°的具体方向，我们也只能确定台风的位置在这样一条射线上；而只知道距离，我们只能确定台风的位置在这样一个圆上。

【设计意图】创造性使用教材，循序渐进地设计了几个层面的探究活动，突出方向研究这一重点，精心组织活动化教学方式，引导学生通过观察交流、猜测动作体验等方式，构建东偏南30°和南偏东30°的新知，建立空间观念。

(五)应该怎样确定台风的具体位置（板书：确定位置）

生：小组讨论。

生：（边播报，边指图）台风中心位于A市东偏南30°方向，距离是600千米。

师：看图还可以怎样确定台风的位置呢？

生：台风中心位于A市南偏东60°方向，距离是600千米。

师：同一个位置，两种说法到底哪一种对？

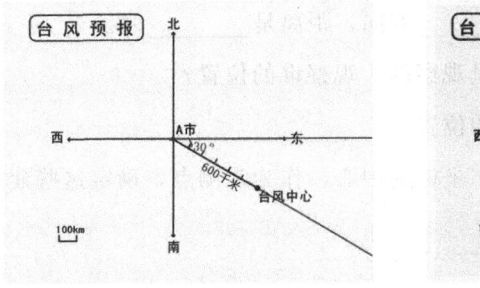

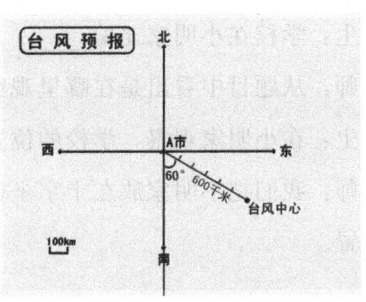

小结：描述同一位置，两种说法不同，都是正确的。生活中一般我们先说与物体所在方向离得较近（夹角较小）的方位。

师：从几个方面才能确定台风的准确位置？

方向和距离在确定准确位置时缺一不可。

【设计意图】用几组矛盾，缩小探究范围，抽丝剥茧，激发思维火花，循序渐进，让学生的模糊认识变清晰。这样设计注重学生的最近发展区，较好地突出了重点，突破了难点。同时，让学生经历了知识的产生、形成过程，发展了他们的空间观念。最重要的是让学生掌握了一种数学学习探究的方法。

环节三：巩固练习，应用确定位置的方法

一、描述位置

利用今天学习"位置与方向"的知识，解决问题。

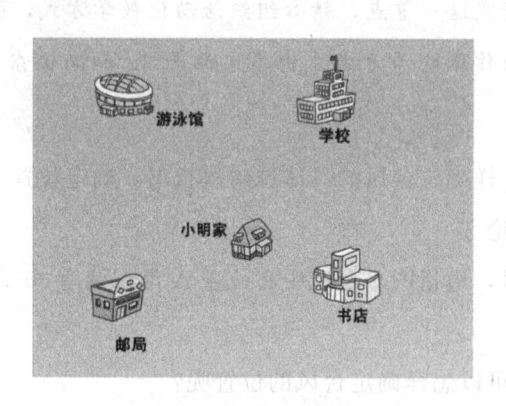

图 1

师：图1中有一些建筑物。请读问题1。

生：学校在小明家北偏_____方向，距离是_____米。

师：从题目中看出是在哪里观察的？观察谁的位置？

生：在小明家观察，学校的位置。

师：我们把小明家放在十字坐标的中心，作为观测点，确定这些建筑物的位置。

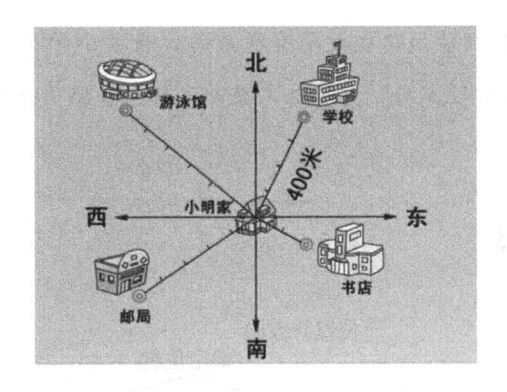

图 2

1. 学生独立完成教材第 20 页第 1 问

（1）学生自己测量。

（2）填写信息。

（3）交流汇报。

生交流怎样想的（小明家、学校、量小角）。

师：量角时注意什么？（0°刻度线与正北重合，看另一条边刻度，边短延长）

2. 学生完成教材第 20 页第 2—4 题

师：回顾刚才的练习，怎样确定各建筑物的位置？从观测点、方向、角度、距离就能确定物体的位置了。

环节四：全课总结，建构联系

师：今天我们学习了一种新的确定位置的方法，是什么？

让我们回忆过去，认知未来，了解位置与方向的知识吧！

一年级上：认识 6 个方位词。

三年级下：认识 8 个方向。

五年级上：用数对确定位置。

六年级上：用方向、距离确定位置。

中学还会进一步学习有关内容。让我们随着学习知识的脚印继续前行，相信会收获更多。

【设计意图】数学知识之间是有联系的，通过小学几年相关知识的学习，学生对"位置与方向"有了较完整的了解，在脑海中建立了一个完整的知识体系。

【板书设计】

位置与方向
确定位置
台风中心位于A市东偏南30°方向，距离是600千米。

【教学反思】

一、结合生活实际，使学生明白确定位置的重要性

位置与方向的知识在日常生活以及航海、军事等领域有着广泛的运用，学生在生活中也已经积累了一些确定位置的感性经验。学生已经能够使用上、下、前、后、左、右和东、南、西、北、东北、东南、西北、西南等方位词描述物体的大致位置，能够利用数对精确地表示平面内一个点或一个区域的位置。本节课在此基础上，让学生利用方向和距离这两个参数确定平面上一个点的位置。在新课引入环节，短片播放天气预报中对台风预测的消息，创设确定台风中心具体位置的实际情境，使学生明白确定位置的重要性，使他们体会到数学就在身边，感受到数学的作用，对数学产生亲切感。

二、以问题为载体，引导学生自主探究新知

问题意识是数学学习的核心，好的问题是激发学生思维的最佳载体。例1的教学是本节课的教学重难点。首先为学生提供确定台风中心具体问题的情境，当学生遇到问题"如何确定台风中心的位置"后，根据学生现有的知识水平与年龄特点，教师大胆放手让学生自己思考，因为自主探究、合作学习是有效的学习方法。交流汇报过程中教师对学生想出的多种描述位置的方法和结果进行优化，用几组矛盾缩小探究范围，抽丝剥茧，激发思维火花，循序渐进，让学生的模糊认识变清晰。在恰当时机进行适当的引导，再加上

多媒体课件的帮助，同学们很快想到解决问题的方法，"需要量出具体角度和距离"，然后把自己的想法付诸实践。

在整个探究过程中，教师根据学生认识水平，通过描述位置，让学生明白了要确定位置必须以某一地点为标准，同时使用方向和距离两个要素进行描述。让学生在轻松愉快、自主探究的过程中，掌握如何确定物体的准确位置；让学生在活动中发现问题，主动进行探究和思考，不断提高自己的思维水平。

第五节 运算定律与简便运算的整理与复习

【教学内容】

人教版四年级下册第三单元"简便运算定律"是学生运算学习中的一个重点。人教版教材编写的特点是集中编排，突出整体。学生系统学习五条运算定律、两条性质，以及运用运算定律进行一些简便运算。

计算教学的灵魂是"活"，计算教学的方向应该是"计"，只有思维灵活了，才能找到最简便的算法。本单元学习的五条运算定律，在数学中具有重要的地位和作用，被誉为"数学大厦"的基石，对数学教学有着重要的意义和作用。它体现在以下三方面：一是有助于引导学生进一步理解整数四则运算的意义，体会四则运算间的关系——运算定律与四则运算是一个有机的整体。二是有助于培养学生的数学模型思想，积累丰富的四则运算活动经验。三是有助于培养学生合理选择算法的能力，发展思维的灵活性。

【学情分析】

四年级学生在首次学习运算定律时，教材采用文字加符号的方式来概括定律。用字母表示数，对于四年级孩子来说是非常抽象的，学生由具体确定的数，过渡到用字母表示抽象、可变的数是认识上的一次飞跃。学生用不完全归纳法，逐步抽象概括出文字运算定律，再到用字母表示运算定律，存在认知和思维上的断层。

学生的原有知识储备情况对教学目标的定位尤为重要。教师只有明了学生的漏,才能补上学生的缺。基于这样的想法,教师对学生简便运算的掌握情况进行了前测,试题如下:

计算下面各题,怎样简便怎样计算。

①173×99　　②99×35+35　　③25×(4×40)

④45×63+37　　⑤88×125　　⑥578-(178-47)

表　学生答题情况(参加 33 人)

题目	错误率	举例	题目	错误率	举例
1	3.0%	173×100-1	4	39.4% 9.1%	45×(63+37) 空
2	15.2%	整体把握	5	9.1%	结合律、分配律混淆
3	33.3%	结合律误用	6	30.3%	578-178-47

从学生的答题情况看,学生有强烈的凑整意识,对数据的敏感度超过对运算定律及性质的感知度。也就是说,运算中数据特点是强刺激,运算特点是弱刺激。学生简便运算的正确性、灵活性、合理性和简洁性存在不同程度的问题。

【教学目标】

(1) 系统整理与疏通运算定律、性质之间的联系与区别,能根据数据、符号的特点选择合理的运算定律,并灵活进行简便运算。

(2) 通过分类整理、合作交流、自编题目等活动,提高学生的简便计算能力,培养思维的灵活性。

(3) 形成简算意识的积极情感体验,养成良好的审题、简算习惯。

【教学重难点】

教学重点：整理运算定律、性质，形成知识网络。

教学难点：合理、灵活地运用运算定律、性质，正确进行简算。

【教学流程图】

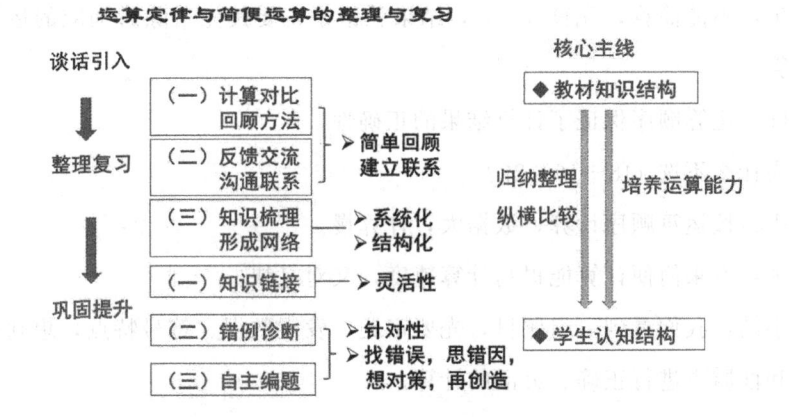

运算定律与简便运算的整理与复习

```
谈话引入                                    核心主线
   ↓       （一）计算对比                  ◆教材知识结构
           回顾方法    ┐
整理复习   （二）反馈交流 ├→简单回顾         ↓    ↓
           沟通联系    ┘  建立联系       归纳整理  培养运算能力
   ↓                                    纵横比较
           （三）知识梳理 →系统化
           形成网络     →结构化
   ↓       （一）知识链接 →灵活性
巩固提升   （二）错例诊断 →针对性         ◆学生认知结构
                       →找错误，思错因，
           （三）自主编题  想对策，再创造
```

【教学过程】

一、谈话导入

师："温故而知新"，今天我们上一节整理与复习课，看看会有什么新的发现和收获。

二、整理复习

（一）计算对比，回顾方法

师出示题目。

> 知识回顾
> 从下面两题做一做，看谁算得又对又快！
> ① 363-37-63
> ② 448÷16×29
> ③ 18×64+36×18
> ④ 3+97×12

117

生独立解答

提问：你选择哪两道？订正。

（二）反馈交流，沟通联系

师：为什么这么多人选择①③？

怎么看出这两道题能简便运算？

3+97×12 数据也有特点，你选了吗？为什么？

生：不能简算，先算 3+97，结果就错了，要按先乘除后加减的运算顺序计算。

师：运算顺序保证了计算结果的正确性。

为什么不选 448÷16×29？

生：按运算顺序计算，数据大，计算慢。

师：看来简便计算能提高计算速度，又对又快。

小结：我们看到一组题目，先要审题，发现数据、符号特点，想到运算定律和性质再进行正确、灵活的计算。

【设计意图】根据学生的心理需求，自主选择 2 题做一做，唤醒简算意识。学生从数据的特点和运算定律的运用，来阐述想法，既培养了学生的数感，又培养了简算的意识，帮助学生积累了仔细审题、快速找特点的经验。

（三）知识梳理，形成网络

1. 整理

师：看来运算定律非常重要，我们用 7 个表格一起来梳理一下。

生小组合作。

2. 交流

预设生 1：加法、减法、乘法、除法。

师：按什么分类？（按加、减、乘、除计算方法分成四类）

还有不同的分类方法吗？

预设生 2：加、乘一类，减、除一类。

师：按什么分类？（定律、性质）

预设生 3：交换律、结合律、分配律、性质。

师：结构特征相同的一类。交换位置，改变顺序不变符号，改变顺序变符号。

预设生 4：加法、减法的分一类，乘法、除法分一类。按低级运算、高级运算分类。

师：运算间的关系，减法是加法的逆运算，除法是乘法的逆运算。

预设生 5：交换律、结合律、性质分一类，乘法分配律分一类。

师：能看懂这种分类是怎样想的吗？

生：同级运算、两级运算。

小结：同样的运算定律与性质，因为观察的视角不同，整理方法也不同。有条理的整理有助于我们更好地记忆和运用。

【设计意图】充分发挥学生的主体作用，对所学运算定律归纳整理、纵横比较、形成系统，将教材的知识结构转化为学生的认知结构，实现知识的再创造。学生整理过程中有自己独到的见解，在交流和评价过程中既有发现可交流，又有问题可研讨。

（四）巩固练习，发展能力

1. 知识链接

（1）提问：题①用什么方法可以简便计算？

预设：凑整，填 62，762……运用加法交换、结合律。

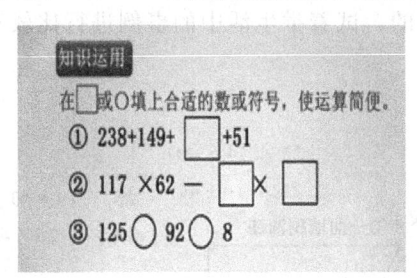

知识运用
在□或○上填上合适的数或符号，使运算简便。
① 238+149+□+51
② 117×62−□×□
③ 125○92○8

（2）提问：题②填什么？

预设 1：117×62−117×52，117×62−117×61……

预设 2：117×62−17×62……

提问：说说两种填法的相同与不同点。

预设：相同因数可以是117，也可以是62。

两个数的差凑整10、100、1000，都能用乘法分配律简算。

预设3：$117×62-117×62$。

提问：这还需要简便运算吗？

(3) 提问：题③又该填什么？

预设1：加号，加法结合律　$92+8$凑整100。

预设2：减号，减法的性质，$92+8$凑整100。

预设3：乘号，乘法交换律、结合律，$125×8$凑1000。

2. 错例诊断

找错误，思错因，想对策。

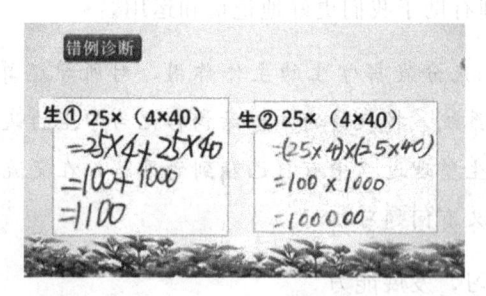

预设1：是乘法结合律，与乘法分配律混淆。

预设2：括号里是乘号，不是加号。

预设3：生2的第一步去掉括号是4个数相乘，与原题不符。

师：算式是抽象的，试着举生活中的事例进行比较和区分。如刷油漆问题、铺地砖问题。

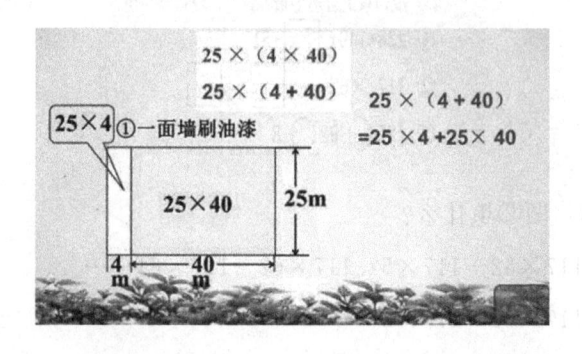

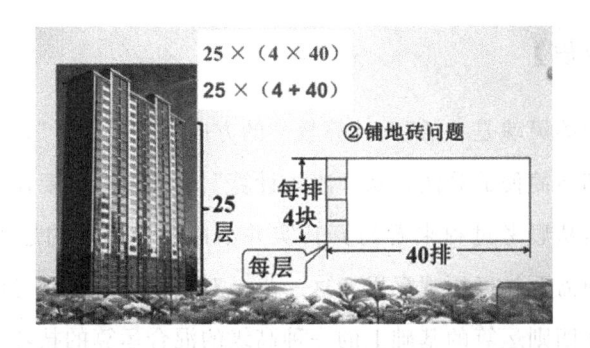

25×(4×40)
25×(4+40)
25层
每层 每排4块 40排
②铺地砖问题

3. 自主编题

预设 1：举一反三，125×(8×80)。

预设 2：先变形再简算，125×32×20。

小结：编题千变万化，都是大家思考后提出的问题，对简便运算有更全面的认识。

【设计意图】自主编题，就是积极创造和寻找可提供学生反思的机会，帮助学生正确且深刻地理解和掌握知识，在反思性学习中复习知识，有利于加深学生对知识的理解和对自己思维习惯不足之处的关注。相比之下，比教师事先编制好的题目更具有针对性、准确性，大大增强了复习的实效性。

【板书设计】

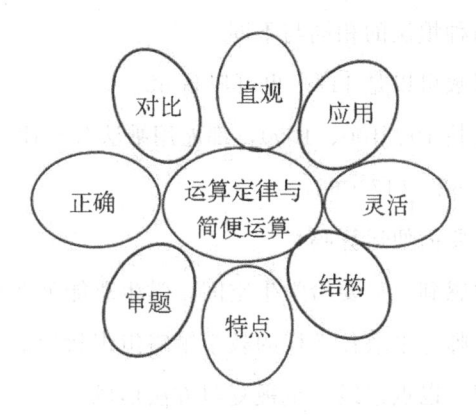

运算定律与简便运算：对比、直观、应用、正确、灵活、审题、特点、结构

【教学反思】

计算教学的灵魂是"活",计算教学的方向应该是"计",只有思维灵活了,才能找到最简便的算法。从"凑整计算"看简算通常要比普通计算显得更为简便,但从思考过程来看简算其实并不简单。简算的思维含量相对较多,计算之前需要先经历观察思考这一步,对学生来说通常是困难的。因为简便运算是在四则运算的基础上的一种高级的混合运算的技巧,它灵活地运用各种定律、性质等,改变原有的运算顺序进行计算,从而大幅度地提高计算速度及正确率。中年级学生在应用运算定律进行简便运算时,往往会暴露出很多问题。在简便运算单元整理与复习课上,学生的课堂实际是怎样的?

课堂花絮1:3+97×12能简便运算吗?

生1:(3+97)×12=100×12=1200,凑整计算。

生2:3+97×12是两级运算,先乘除后加减,不能随便改变运算顺序。

错误是学习的必然产物,直接反映了学生学习的情况,如何利用这些错例资源?教师在课堂上引导学生观察思考、阐述理由,发现简便运算不仅要抓数据特征,还要关注符号特征,利用运算定律保证计算正确。

课堂花絮2:117×62−□×□可以填什么?

预设1:117×62−117×52   117×62−117×61……

预设2:117×62−17×62……

提问:说说两种填法的相同与不同?

预设:相同因数可以是117,也可以是62。

两个数的差凑整10、100、1000,都能用乘法分配律简算。

预设3:117×62−117×62

提问:这还需要简便运算吗?

从课堂花絮中感到,只要给学生空间,学生总能创造精彩。面对学生多元的课堂生成,教师应采取什么样的教学策略组织教学活动呢?

一、自主梳理、以点连线,重视复习方法形成

构建完整的运算定律知识体系,为后续运算定律拓展到小数、分数做好

准备。良好的知识体系有助于学生的记忆、提取和应用。因此，整理知识并形成网络是复习教学的第一要务。这节课我们在自主整理的过程中让学生厘清各种运算定律和运算性质的内涵及结构特征，明确其适用的范围。

二、巧导精练、以线结网，积累简便运算的经验

学生真正形成简便运算的能力，需要一定量的训练契合运算能力特征的层次性。要积累简便运算的经验，需要在做的过程和思考的过程中积淀。课堂上通过针对性、典型性、启发性的题型，引导学生设疑、答疑、析疑，提升学生综合思维能力。自主编题活动可达到举一反三、触类旁通的效果。

随着课程改革的不断深入，要凸显"计算"本质，发展学生的数学思维，既不能让学生的运算能力在已有的水平上停滞不前，也不能超越知识的内容和学生的能力水平孤立地发展运算能力。作为老师不应追求课堂程序的严密，不墨守精细化的预设，而应设计灵活、开放的题目。如课堂生成的错例剖析，认知心理学派认为，错误是学习的必然产物，直接反映了学生学习的情况，如何利用这些错例资源呈现真实的数学情景，让学生感同身受，这比人为出错例来判断、修改更加真实，更利于学生的后续学习和身心发展，这样真实的错误才是我们的课堂真正需要的。再如，回归生活拓展模型的外延，让抽象的"数理"回归现实的"事理"，是法则教学的关键，切实避免机械学习，包括机械记忆和单纯的学习，帮助学生很好地做到理解学习，使学生感受到简便运算不是为算而算，而是促成学生运算灵活性的有效策略，是积累简便运算经验的重要途径。一节运算定律复习整理课的重点应该是创设开放的为学而教的发展课堂。

第六节　圆柱与圆锥的整理与复习

【教学内容】

"圆柱与圆锥"复习课是小学阶段"图形与几何知识"的最后一部分内

容,是在学生掌握了圆柱和圆锥的特征及相关计算的基础上进行的。

【学情分析】

师:以下图形应怎么分类呢?根据什么分类?

学生情况:(1)全班都能想到把圆柱和圆锥分一类,正方体和长方体分一类。其中86.7%学生认为圆柱和圆锥底面都是圆的,侧面都是曲面。13.3%的学生是从旋转平面图形得到圆柱和圆锥的,而长方体和正方体可以想成平移平面图形得到。(2)33.3%的学生还能想到正方体、长方体、圆柱分一类,因为在求体积时,这三个图形体积V=底面积×高,而圆锥求体积的方法不同。

教师的思考:

整理与复习课教学占到教学总数的将近30%。复习的意义是什么?怎样的复习课是有效的?复习课中教学目标应该怎样正确定位?

【教学目标】

(1)沟通平面图形与立体图形之间的关系,构建图形网络。选择合理、灵活的方法解决生活中的问题。

(2)通过图形围、旋转、累加、展开,经历观察、想象、比较等数学活动,进一步将图形知识条理化、系统化,发展学生的空间观念。

(3)感受事物间的相互联系,激发学生整理复习的信心和兴趣。

【教学重难点】

教学重点:沟通柱锥之间的关系,构建图形网络。

教学难点:选择合理、灵活的方法解决生活中的问题。

【教学流程图】

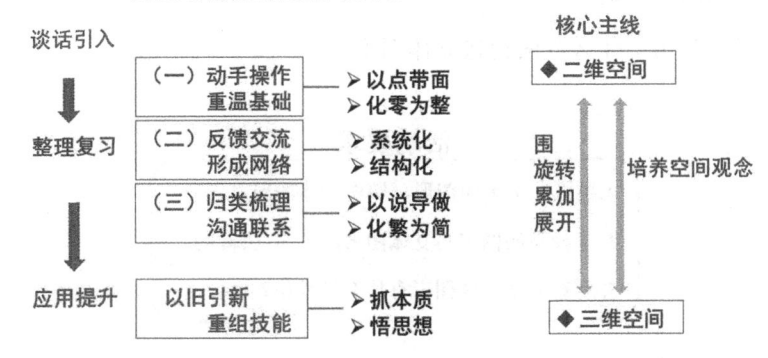

圆柱与圆锥的整理与复习

谈话引入 → 整理复习

（一）动手操作 重温基础
➤ 以点带面
➤ 化零为整

（二）反馈交流 形成网络
➤ 系统化
➤ 结构化

（三）归类梳理 沟通联系
➤ 以说导做
➤ 化繁为简

应用提升 → 以旧引新 重组技能
➤ 抓本质
➤ 悟思想

核心主线
◆ 二维空间
围旋转累加展开 ↕ 培养空间观念
◆ 三维空间

【教学过程】

一、谈话导入

师：从图形的正面、上面、侧面看，想象看到的是什么图形？（板书：柱与锥）

师：通过不同角度观察物体得到的结果，想象出立体图形。

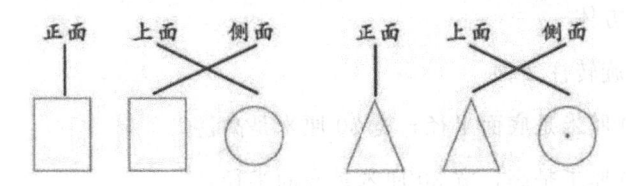

二、整理复习

（一）动手操作，重温基础

师出示两张同样大小的 A4 纸，长方形、直角三角形（对角线分）

生观察两个图形之间有什么关系。

预设：

长方形的长、宽分别是直角三角形的底和高。

长方形面积与三角形面积的比是 2:1。

长方形面积与正方形面积的比是……（标注数据长 40 厘米，宽 30 厘米）。

小结：这两个平面图形与今天复习的两个立体图形之间又有着怎样的关

系呢？

（二）反馈交流，形成网络

学生活动、反馈。

提问：都用了什么方法构造立体图形？

> **活动要求**
> 1. 挑选一个平面图形，构造立体图形
> 2. 寻找平面图形与立体图形的关系（标注）
> 3. 观察多个立体图形有什么新发现？

1. 围一围

预设：长方形2种

(1) 长40厘米相当于底面周长，宽30厘米相当于高。

(2) 长40厘米相当于高，宽30厘米相当于底面周长。

2. 旋转

(1) 长方体

预设：旋转柱2种

①长40厘米是底面半径，宽30厘米是高。

②长40厘米是高，宽30厘米是底面半径。

比较：两个圆柱的底面积、表面积、体积相等吗？

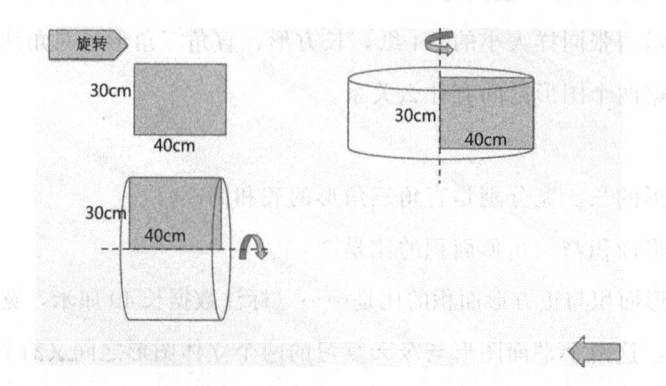

（2）直角三角形

预设1：旋转锥2种（体积）

①长40厘米是底面半径，宽30厘米是高。

②长40厘米是高，宽30厘米是底面半径。

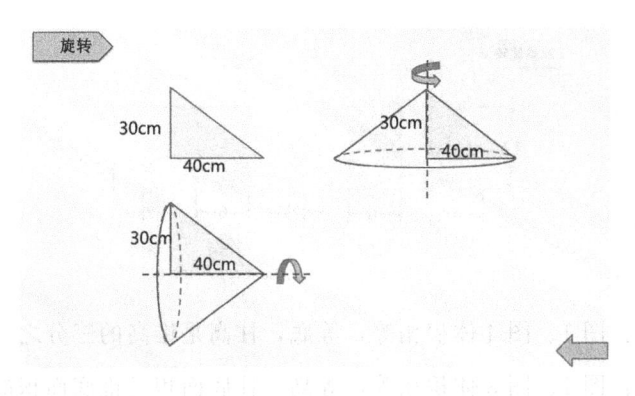

3. 对比

提问：观察比较4个立体图形你有什么发现？（等底等高，锥体积是柱体积的三分之一）

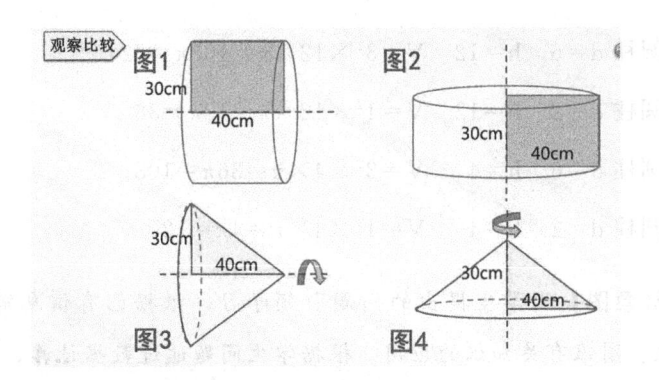

小结：从图形的运动角度找到等底等高圆柱、圆锥这对好兄弟，发现圆柱、圆锥的关系。

【设计意图】充分发挥学生的主体作用，对所学圆柱和圆锥进行归纳整理、纵横比较、形成系统。从二维到三维将教材的知识结构转化为学生的认知结构，学生整理过程中有自己的独到见解。

4. 看条件，提问题

预设1：图1、图2的体积关系

预设2：图4、图5的体积比……

提问：圆锥与哪个圆柱体积相等？

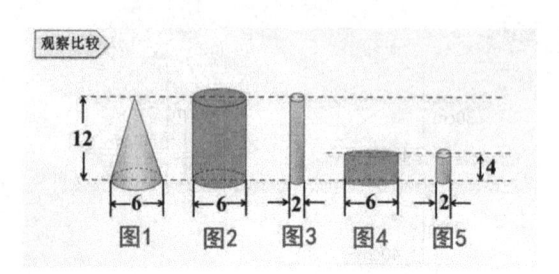

预设1：图1、图4体积相等，等底，柱高是锥高的三分之一。

预设2：图1、图3体积相等，等高，柱底面积是锥底面积的三分之一。

师：辨析算一算。（π取3）

图1 圆锥 d=6　h=12　$V=\frac{1}{3}\times 3^2\times 12\times \pi=36\pi=108$

图2 圆柱 d=6　h=12　$V=3^2\times 12\times \pi=108\pi=324$

图3 圆柱 d=2　h=12　$V=1^2\times 12\times \pi=12\pi=36$

图4 圆柱 d=6　h=4　$V=3^2\times 4\times \pi=36\pi=108$

图5 圆柱 d=2　h=4　$V=1^2\times 4\times \pi=4\pi=12$

【设计意图】用学生提出的问题引领学习，根据已有信息解决问题，唤醒圆柱、圆锥有关知识的应用。根据学生问题通过数据计算，比较、辨析、判断，沟通柱锥之间的关系，构建图形网络。

(三) 归纳梳理，沟通联系

1. 提问

师：除了圆柱和圆锥，我们还学习过哪些立体图形？

根据它们各自体积的计算分成两类，你会怎样分？

预设1：圆柱、圆锥一类，与圆有关。

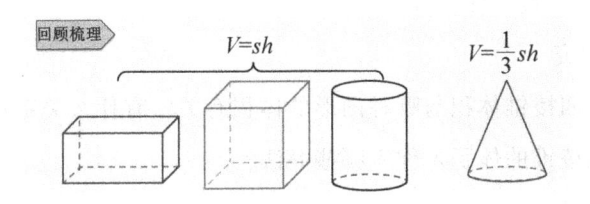

预设 2：除圆锥，剩下的一类，都用底面积乘高计算体积

2. 我们的生活中充满各种各样的立体图形。

（出示下图）怎样计算巧克力的体积？

预设：直柱，底面是三角形（$V=sh$）

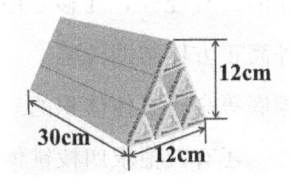

三、以旧引新，重组知识

（一）出示法国卢浮宫玻璃金字塔、埃及金字塔、积木、树木支架图片

提问：观察这些物体的形状有什么共同特点？（正四棱锥、方锥）

预设：底面是正方形，侧面是等腰三角形。

对于新的立体图形，你有什么问题想要研究？

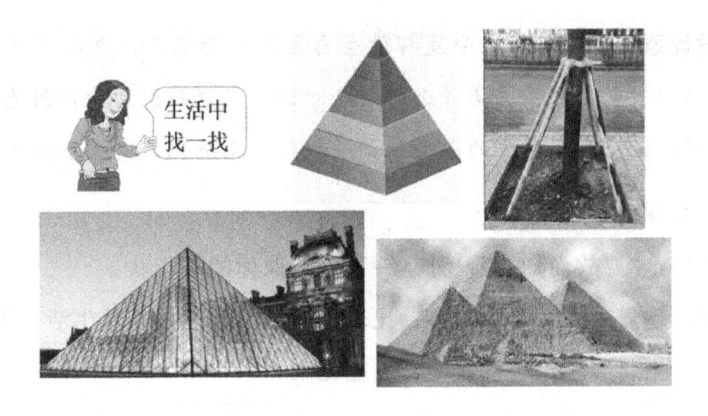

（二）探究四棱锥体积推导

1. 自主探究

提问：正四棱锥体积与哪种图形的体积有关？有什么关系？

计算正四棱锥的体积，你有哪些办法？

2. 交流反馈

提问：怎样求四棱锥体积？与学过的哪个立体图形体积有关？（相似点多）有什么关系？

预设：与正方体、等底等高正方体有关系。

提问：为什么？（相似点多，容易发生关系）

师：借助圆锥体积推导的已有经验，迁移运用解决新问题。

学生实验验证：等底等高正方体与四棱锥

预设：四棱锥体积是等底等高正方体体积的三分之一。

提问：除了实验法以外，还有其他求四棱锥体积的方法吗？

预设1：例7解决问题，水瓶的体积（转化成可测量计算的形状）。

预设2：阿基米德与皇冠的故事（排水法）。

想成不规则立体图形，沉入柱形鱼缸，计算水面上升（或溢出）部分体积（等积变形）。

小结：排水法、可测量体积、公式计算法，解决问题的策略不同，但共性就是转化思想（新转化成旧）。

【设计意图】复习课充分发挥学生自主探究的能力，复而不重，习之得法。以旧引新，联系生活并进行实验验证，实现知识结构再创造，抓本质悟思想，进一步将学生的图形知识条理化、系统化，发展空间观念。

四、全课小结

孔子曰："温故而知新"，分享一下这节课你的新收获。

预设：建立关系、运动状态、比较思考、用数学眼光看生活，不断有新发现又会产生新问题，等待研究，乐趣无限。

【板书设计】

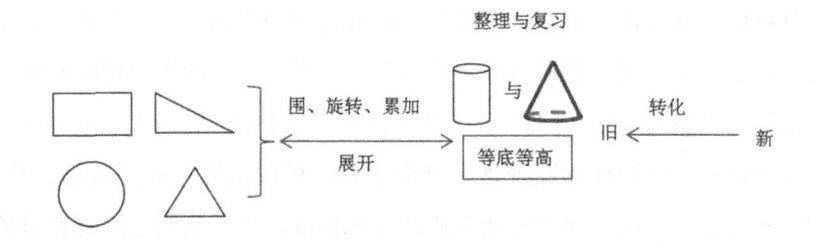

整理与复习

围、旋转、累加 与 转化
展开 等底等高 旧 ← 新

【教学反思】

复习课如何做到复而不重？在整理与复习课上，学生的课堂实际是怎样的？

课堂提问 1：长方形纸旋转形成的两个圆柱体，侧面积相等还是不相等？

学生一致认为两个圆柱体侧面积不相等。

猜测结果是学生对立体图形的直观感受，也直接反映了学生学习的情况，因为分别围绕长方形长、宽为轴旋转成的圆柱体，观察的形状不同，学生直观感受侧面积也不同。数学家华罗庚说："数缺形时难直观，形少数时难入微。"课堂上可引导学生通过数据计算侧面积，比较数据发现两个圆柱体侧面积相同；也可以列式比较，发现数据相同，两个圆柱体侧面积相同。

课堂提问 2：图 1 和图几的体积相等？

大部分学生选图 4，也有部分学生选图 3、图 4。

生：圆锥侧面积是圆柱侧面积的一半。图 1、图 3 因为都是以 40cm 为轴旋转，30cm 为底面半径。

因为圆锥体的侧面展开是扇形，小学阶段学生认识圆锥定义、特征、高的测量方法，但不学习侧面积计算方法，受到学习知识的限制，圆锥展开图扇形的圆心角情况复杂，学生无法计算圆锥侧面积，此猜想无法在课上解决，留在问题角课后解决。

教师从课堂中感受到，只要给学生空间，学生总能创造精彩。面对学生多元的课堂生成，教师应采取什么样的教学策略组织教学活动呢？

一、归类梳理化零为整，重温基础复而不重

复习课充分发挥学生的主体作用，针对知识的重点、学习的难点、学生的弱点，引导学生按一定的标准，进行分类整理。良好的知识体系有助于学生的记忆、提取和应用。因此，整理知识并形成网络是复习教学的第一要务。这节课对所学圆柱和圆锥进行纵横比较，形成系统。通过梳理、总结、归纳，把分散、凌乱、细碎的知识点结成知识链，从二维到三维将教材的知识结构转化为学生的认知结构，构建学生的图形知识体系，建立空间观念。

二、以旧引新化难为易，重组技能习之得法

复习课充分发挥学生自主探究的能力，以旧引新联系生活解决正四棱锥体积怎样计算的问题，并采用直观的实验验证，实现知识的再创造，抓本质悟思想。多种方案解决问题进一步将学生的图形知识条理化、系统化，渗透转化的数学思想。重组技能习之得法，达到举一反三、触类旁通的效果，使学生终身受益。

第六章 课改、减负与小学数学教育

第一节 以校本数学课激发学生感受数学之美

一、研究目的

2015年《北京市实施教育部〈义务教育课程设置实验方案〉的课程计划（修订）》的颁布，是首都教育创新的又一重要举措。课程改革的落脚点在学校，如何处理好国家统一教材与学生个性化、多样化的教育需求的矛盾，是学校课程建设直面的问题。学校提出"以美育美"的办学理念，即以最贴切、适合的美的内容与方式，包括具有美育特征的学校课程，唤醒学生内心对美的向往和追求，激发出学生潜在的美的优势让学生在自主的、开放的、创造的课程文化下，积淀人生的幸福，成为学校课改的研究任务。

众所周知，小学生思维的特点是以具体运算为主，即数理逻辑的运算需借助具体的实物或表现。小学生数学的学习应在大量具体的操作性活动基础上逐步向抽象的符号运算过渡。现行的小学数学教材已然关注数学与生活的密切联系，并且设立了综合实践活动的研究性学习内容，但是在实际教学中，许多的具象还带有一定的局限性，例如从未去银行存过钱、从未到过生产零件的车间，怎么会感受到其中的数学，怎么会对其中的数学问题产生亲近感呢？从这个角度理解，儿童在学数学的过程中本身对于生活的积累还需不断丰富。在儿童的身边存在着大量的数学资源，仅以儿童熟悉的家庭生活为例，数学的身影无处不在，从找家的位置、回家的路线到家具的摆放、塑料袋的使用，等等，这些问题虽在数学中有所学，但儿童还需要培养一双在生活中发现数学的慧眼。

二、研究意义

从课程方面看，学校课程的开发与实施是学校实现育人目标、创建教学特色的重要途径。核心体现在课程建设和课程实施过程中，最重要的是解决好"培养什么人、怎样培养人"的重大问题。

从学科方面看，小学阶段的数学课程是现实的、生活化的、有趣的，但也比较抽象，具有一定的挑战性。伴随着年级逐渐升高，知识难度逐渐加大，对学生思维能力的要求也就越来越高。日常教学中课时紧张、学具不全等现实原因，导致抽象问题难以形象化，因此使教学变得枯燥无味，学生提不起学习兴趣。

从学生方面看，随着《中国学生发展核心素养》的发布，学校教育不再以追求知识的完整性为核心，而以学生的能力培养、价值体系、情感意义为目标。孩子们不仅仅只想学习计算、解决问题等，更愿意去了解有关数学趣闻、数学文化以及数学历史等相关知识。

综合以上问题我们认为，多样的校本数学活动课，激发小学生感受数学之美的实践研究，是基于国家课程和实验教材之上的拓展和延伸，关注了学生的兴趣点和知识需求，给国家课程注入了新鲜血液，能让处在高速发展中的学校教育能量满满地前行。

三、研究背景与文献综述

(一) 理论基础

核心素养在深化课程改革和落实立德树人的目标中占有基础性地位，是国家发展、社会发展和个人发展的必然要求。学校根据育人新要求，系统地规划和建构有助于促进核心素养"落地"的课程体系，在对学校课程评价的过程中，构建出科学合理、有效实用的"学校课程方案评价体系"。

我校围绕"以美育美"的办学思想，构建"1+4+6"的"以美育美"

的课程体系，形成"3+2+x"的"以美育美"课程形式。课程形态的改变已成为学校发展的关键因素，而"一切为了学生发展"是教育评价的根本，无论是课程评价、学校评价，还是教育发展评价，最终都要回归到"育人为本"这个最根本的主题上。从课程体系的多维度，课程形式的多元选择，到课程评价的多元化，都是围绕一个共同的核心：以学生核心素养发展为根本目标。

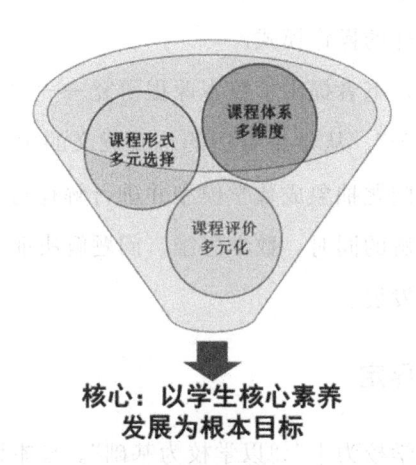

图 6-1 以学生核心素养发展为根本目标

(二) 相关研究成果

1. 国内研究现状

我国自 20 世纪 90 年代后期以来，开始试行国家、地方、学校三级课程管理制。2001 年，国家教育部颁布了《基础教育课程改革纲要》。《纲要》指出把以学生发展为本作为新课程的基本理念，提出改变过于强调接受学习、死记硬背机械训练的现状，倡导学生主动参与、乐于研究、勤于动手，以及教学过程中师生互动方式的变革，提出"改变课程管理过于集中的状况，实行国家、地方、学校三级课程管理，增强课程对地方、学校以及学生的适应性"。华东师范大学教育学博士郑金洲在《走向校本》中这样解释：所谓校本，一是为了学校，二是在学校中，三是基于学校。为了学校，是指要以改进学校实践、解决学校所面临的问题为指向；在学校中，是指要树立这样一种观念，即学校自身的问题；基于学校，是要由学校中的人来解决，要经过学校校长、教师的共同探讨、分析来解决。我国小学数学校本课程的开发使许多学校的教学富有特色与个性。

2. 国外研究现状

"校本课程"（school-based curriculum）是一个外来语，最先出现于英、美等国，已有20多年的历史。在短短的几十年时间里，许多国家纷纷出台了把课程的决策权部分下放给学校的课程政策，产生了在"校本课程开发"理念支配下的多种多样的操作模式。

鉴于以上的认知，笔者提出了校本课程研究——"多样的数学活动，激发小学生感受数学之美"。从学生身边的、有意义的生活经验出发，让学生在活动中经历将生活问题抽象成数学模型并进行解释与应用的过程，进而使学生在获得对数学理解的同时，数学思维、问题解决能力、情感态度与价值观等也能得到进步和发展。

四、核心概念界定

校本课程是"以学校为本""以学校为基础"。校本课程也是以学校教师为主体，在具体实施国家课程和地方课程的前提下，通过对本校学生的需求进行科学的评估，根据学校的办学思想而开发的多样性的、可供学生选择的课程。校本课程的开发主要依据国家教育方针，强调以学校为主体和基地，充分尊重和满足学校师生的独特性和差异性，特别是使学生在国家课程和地方课程中难以满足的那部分发展需要得到更好的满足。

数学活动课是指在教师的指导下，学生充分发挥自主性，自己动手动脑进行实践和思维想象，培养兴趣、发展能力的实践性很强的教学活动。它是以解决某一个实际的数学问题为目标，以培养学生的数学思维为核心的一种新型的课程形态。数学美主要表现为内在美、逻辑美、理智美。数学美是隐蔽的美，深邃的美，美在思想内容。在数学活动课中教师要引导学生通过"抽象枯燥"的符号、公式及定理等洞察其内部的数学思想，领悟数学美。

五、研究程序

(一) 研究设计

围绕发挥学校文化服务教育、教学的功能,创建多样的校本数学活动课型,关注学生动手实践能力促进思维发展的研究目标,笔者制定了如下研究内容:

(1) 搭建数学活动课教材编写结构。

(2) 开发"趣味数学"校本课程学生用书。

(二) 研究对象

1—6年级学生。

(三) 研究方法

1. 文献研究法

根据校本课程开发研究需要,查阅大量相关的各种文献资料及网络上的信息资源,收集有关研究校本课程开发的理论成果与实践成果,从而全面地、正确地理解校本课程开发的相关资料,为课题顺利实施奠定扎实的理论基础。

2. 行动研究法

以"数学活动"为切入点开展教学实践研究,在实施过程中,边实践,边观察,边反思,不断改进实施办法,不断总结研究成果,最终形成结论。

3. 案例研究法

对小学数学校本课程开发的案例进行深入分析,进一步探究案例中各个要素的作用及相互关系,并从案例中总结小学数学校本课程开发的相关策略。

(四) 技术路线

1. 课题研究准备阶段

(1) 学习相关理论,收集课题相关资料,归类整理。

(2) 阐述对"趣味数学、数学美、弘扬传统文化"的理解及价值。

(3) 确定研究侧重点,准确定位。

2. 课题研究实施阶段

(1) 拟定研究的预期目标和资料。

（2）以校本课程实施为平台，收集典型案例，对照目标、资料，加以分析、讨论、反思、调整。

（3）定期研讨、交流，总结经验，反思不足，进行阶段性小结，构成阶段性论文。

3. 课题研究构成成果阶段

（1）对积累的案例进行分析，提升为理论，撰写论文，构成本课题的实验报告。

（2）编写教案设计、案例分析、教学随笔等进行展示、汇编。

（3）完成结题报告。

六、研究发现和结论

（一）继续完善数学活动课教材编写结构

1. 框架细化、补充完善、文化传承

在原有初步构建多样的数学活动课程体系的基础上，形成鲜明特色，丰富学校校本课程体系，继续完善数学活动课教材编写结构，使课题研究获得整体提升。

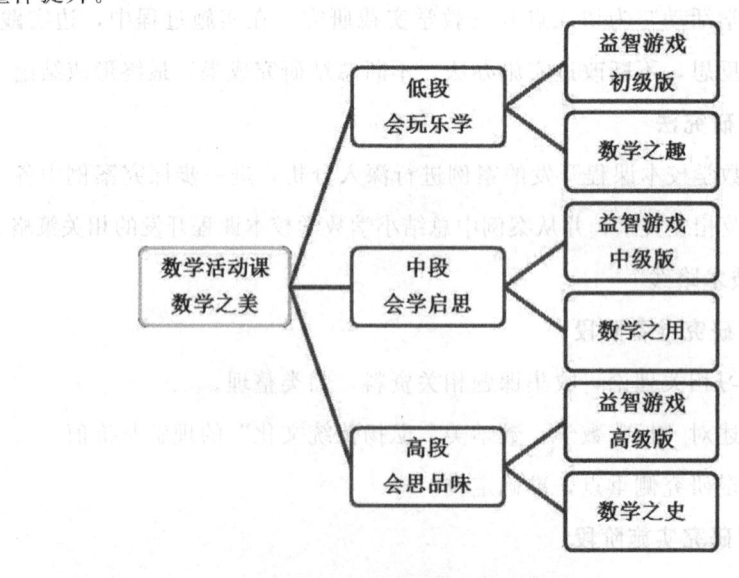

图6-2 数学活动课程框架

在"益智游戏"课程设置中力图凸显中华传统文化的传承，注重培养学生的民族自豪感。中国是世界文明古国之一，有着悠久的历史。五千多年来，中华民族的祖先在漫长的历史时期里，积累了大量珍贵的物质文化资源，最终形成了为中华民族世世代代继承发展、博大精深的传统文化。七巧板、象棋、围棋、五子棋、九连环等游戏既充满了趣味性、知识性和文化性，又充分体现了中华民族的祖先用劳动和智慧创造的光辉灿烂的文化。

2. 激发兴趣、发展思维、提升素养

益智游戏对于数学教育具有极大的价值，好玩、有趣、有吸引力的益智游戏能够启发和培养学生的数学思维。

例如中年级的"黑白棋"一课，游戏通过相互翻转对方的棋子，最后以棋盘上棋子多少来判断胜负。"黑白棋"游戏规则简单，虽然上手容易，但是变化非常复杂。有人认为，只需要几分钟学会它，却需要一生的时间去精通它。

首先老师讲解了黑白棋的构成，详细介绍了棋子和棋盘。在介绍玩法之前，大胆引导学生猜测这款棋的玩法，学生们结合过往棋类游戏的经验以及刚才对于黑白棋构成的学习，加上自己的思考，基本上都能猜中大概规则。之后教师详细介绍黑白棋规则，并注重引导学生理解规则的细节之处。具体规则如下：

（1）棋局开始时在棋盘正中央四格交替放入黑子与白子。黑方先行，双方交替下棋。

（2）一步合法的棋步包括：在一个空格新落下一个棋子，并且要能翻转对手的棋子。

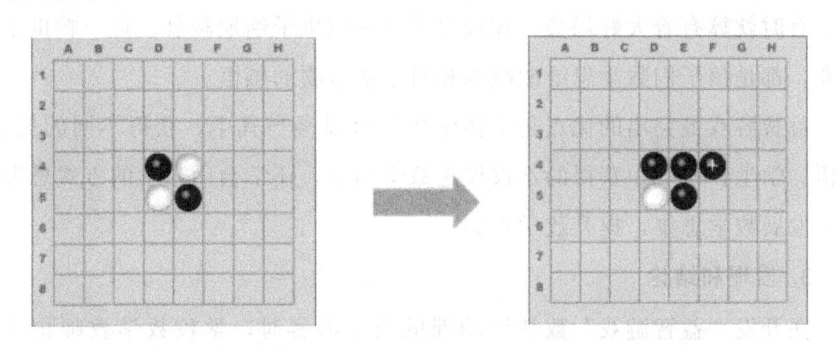

（3）新落下的棋子与棋盘上已有的同色棋子间，对方被夹住的所有棋子都要翻转过来。夹住的位置上必须全部是对手的棋子，不能有空格。

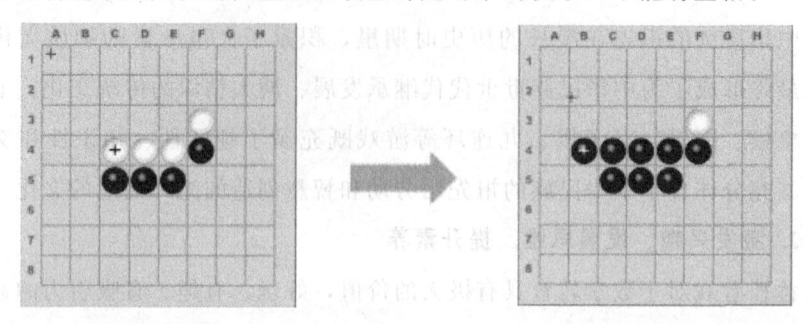

（4）一步棋可以在数个方向上翻棋，任何被夹住的棋子都必须被翻转过来，棋手无权选择不去翻某个棋子。

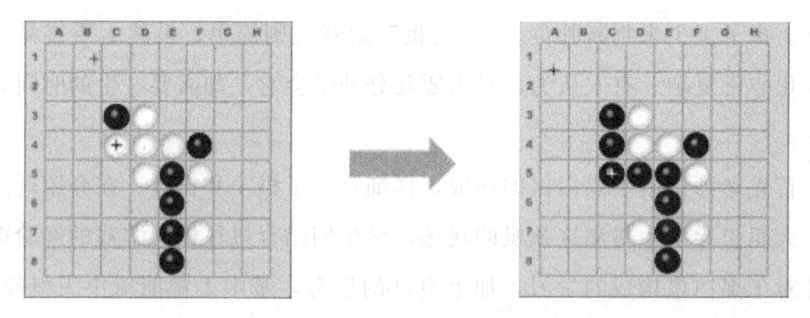

（5）如果无论下哪里你都不能翻转对手的棋子，那你这一轮只能弃权，由你的对手继续落子，直到你能反转对手的棋子。如果你能翻转对手的棋子，你就必须落子，不得弃权。

明确下棋规则后，教师组织学生开始游戏活动，孩子们兴趣浓厚地开始对局。在玩游戏中感悟、体会和摸索，又有新的思考，新的发现，积累了丰富的活动经验。孩子们感叹道：游戏过程中棋子的翻转就像多米诺骨牌一样，有时就算有着大好局势，却被对手的一颗棋子绝地翻盘。每一颗棋子的博弈，都是孩子们数学思维的碰撞和对生活事物的感悟。

益智游戏最突出的优点是全体学生都可以参与其中，获得不同的见解、感悟。学生在游戏中获得的不仅仅是数学知识，还学会用数学的方式思考问题，发展数学思维，提升数学素养。

3. 发现和结论

在开发"益智游戏"数学活动课的教学内容时，学校数学教师积极思考，依据各个年段学生的认知和心理发展规律，设计了丰富多彩的游戏内容，使课堂充满了趣味性、思考性、活动性。

（1）促进教师专业发展

年轻教师芦曼，在对高年级进行益智游戏"伤脑筋12块"教学后谈道："游戏是学生智力发展的动力，它能激发学生的求知欲与创造力，并且可使学生掌握一些知识技能，形成对待事物的正确态度，促进他们全面发展。同时在实施益智游戏教学时，也改变了我的教育观念和评价观念。"

数学教师祁莹楠在对低年级进行益智游戏"七巧板"教学后谈道："这不是一节简单的剪拼活动课，学生收获的不仅是几幅拼图作品，而且学会用数学语言进行描述，更感受到七巧板中蕴含的丰富的数学文化。七巧板是一种古老的拼板玩具，在我国有着悠久的历史。利用几块神奇的小小图形，就可以培养学生的创造力和动手操作能力，弘扬中国传统文化。"

（2）提升教师研究能力

校本教材的开发使用，带动了学校一批有科研意识、有研究能力的教师，他们积极投身趣味数学校本教材的开发，积极进行实践研究，在实践后及时反思总结、修改完善。在教材的研发和应用中不断创新，不断提高自身的教学水平和研究能力（见表6-1）。

表6-1 "自行车"主题课程设计

所教年级：__六__　授课地点：__教室__

项目	具体内容	备注
课程说明	以六年级数学、科学课相关学习内容为基点，设计"自行车"主题课程。引导学生开展主题式学习，组成研究小组，找到研究的兴趣点，设计研究方案，开展深入学习，拓宽主题的学习内容，培养学生的课题研究能力，发展学生核心素养。	
课程目标	1. 应用科学、数学、美术知识，围绕"自行车"主题展开深入学习。 2. 小组商讨确定研究主题，设计研究活动方案。 3. 学生通过收集查找资料、问卷、实验等多种形式开展学习活动。 4. 以任务驱动方式开展学习活动，培养学生的课题研究能力，发展学生核心素养。	

续表

项目	具体内容	备注
教学准备	教师：组建研究团队、设计课程方案、组织课程实施。 学生：运用多种方法查找相关资料，并对资料进行整理、筛选、汇总。	
教学安排	一、破冰行动 组织学生进行游戏式体验活动，感受任务驱动及团队合作的重要性。 二、基础学习 1. 科学单元课程：自行车的发明与发展；自行车的结构；自行车的行驶；制作机器模型。 2. 数学综合实践活动：自行车里的数学问题。 三、收集、整理资料 围绕自己感兴趣的相关问题，从多角度查找相关资料，并对查找资料进行梳理、整合，寻求自我研究方向。 四、交流资料，建立合作组 1. 学生在老师的组织下，交流收集的资料，围绕共同研究的问题，建立合作组。 2. 根据研究方向初步分组，学生商讨小组探究目标及研究发现。 五、制定研究方案 1. 小组成员围绕研究确定主题，明确小组分工，确定研究过程，制定时间安排列表，商讨小组研究呈现方式。 2. 完成研究方案的撰写、组际交流研究方案的可行性。 六、阶段性学习交流汇报 学生在小组研究的基础上，进行阶段展示，采用多种形式展示研究的内容及过程。 七、深入研究 学生围绕研究主题进一步开展学习活动，得出相关研究成果或提出新的思考。 八、总结汇报 学生呈现主题课程研究结果，小组采用多种形式汇报研究收获。	

主题课程的学习旨在帮助学生完成一个探索科学研究的过程，即提出问题、做出猜想、寻找证据，最后得出结论或提出新的思考。对小学生而言，证据的寻找要通过实验，开展系统的调查，收集相关数据对现有的理论和解释来进行验证，对之前错误的结论进行修正或者发展成为新的理论和解释教

师在引导学生运用多种形式查找、收集、梳理大量资料的基础上，找到学生真正想研究的方向，也许是关于构造原理方面的；也许是改进发展过程的；也许是关于共享单车之类的人文社会问题等。学生研究作品如图6-3所示。

图6-3 学生研究作品展示

三年的课题研究、课程研发过程，倾注了广大干部、教师的无限智慧，教师团队秉承育人理念，经历具体深入的观察、实践、诠释与思考，获取了创新的力量，享受着研究的乐趣，品鉴着教学的滋味，寻求着常规的章法。

表6-2 2017—2019年课题组教师获奖情况统计

类别 \ 数量 \ 级别	全国级	市级	区级
研究课	1	13	29
微课		5	1
案例、教学设计获奖（交流）	1	7	29
论文	1	4	3
文章、刊物发表	1	4	1
科研成果		4	3

（3）形成教师骨干队伍

"益智游戏"活动课程让教师走进课程、研究课程、开发课程、实施课程，在授课前要大量查阅相关资料，认真思考游戏内容，反思推敲活动方案。在课堂中实践、反思、修改、完善，教学水平不断提高，对课程改革的认识和实施不断提高，科研意识不断提高。教师设计的内容已经不仅仅是数学相关领域，涉猎范围更加广泛，从各个方面促进了教师的专业发展，提升了教师的研究能力。现阶段学校已形成了一大批思想先进、业务精良、务实创新、不懈追求的中青年骨干教师队伍。十余名市、区、校级骨干教师进入学中研、研中教、教中学的良性循环，一大批教师通过参与课题研究，快速成长起来。如今在各个年级、各个年段已经形成比较固定的"益智游戏"教师研发团队，积累了一定的活动课教学实践经验。

（二）开发"趣味数学"校本课程系列丛书

1. "趣味数学"系列丛书开发覆盖低、中、高各年段

为使全校学生对数学文化有更深入的了解，感受到数学之精确、数学之周密、数学之趣味、数学之美感，同时充分调动学生学习数学的积极性，提升学生的学习兴趣，提高学生的实践、创新能力，培养思维的意志品质，满足学生的个性化发展，教师们根据低、中、高年段学生的心理和年龄特点，以及学生已有的知识基础和活动经验，不断完善、研发出适合学校学生的校本课程"趣味数学"系列丛书。

"趣味数学"校本课程系列丛书是把"数学有趣、数学有用、数学不难"的理念放在第一位，带着强烈的游戏色彩，把学生引入深奥而有趣的数学世界中；把生活和各种实践活动中遇到的形形色色的问题，抽象成有趣的数学模型，培养学生数学的灵感，打开新的智慧库的大门。

学校自编低、中、高年段"趣味数学"系列丛书已正式出版发行，现在三、四年级所有学生在免费使用。自编的初级版和五、六年级版"趣味数学"在学校相应年级试用、整理、校对。随着我们研究的稳步推进，我们将达到学校三个校区六个年级中100%使用并推广此书，服务于全校学生，拓宽应用的广度。

2. "趣味数学"系列丛书各年段具体内容

数学无处不在！我们把数学课堂中无法很好体现的数学游戏、数学史话、数学实践等引入"趣味数学"系列校本教材，总目标是深刻体会数学与生活实际紧密联系；感悟数学的价值是促进思维发展；用数学史话增强对数学文化的了解和熏陶，拓宽知识面，激发探索的欲望。根据各年段的学生特点，我们分别制定了教学目标和教学内容，从低段到高段，由浅入深，环环相扣，学生有滋有味地研究数学、应用数学、品味数学，不断积累活动经验，逐步提升数学素养。

低年级内容以活动中的"玩"为主，在游戏中激发学生的学习兴趣。兴趣是促进学生学习的动力。教育家苏霍姆林斯基提出："如果教师不想方设法使学生产生情绪高昂和智力振奋的内心状态，就给予传授知识，那这种知识只能使人产生冷漠的态度。"美国心理学家布鲁纳说："最好的学习动机，乃是对所学材料本身发生兴趣。"基于以上理念我们在低年级精心选择符合学生特点的教学内容，使学生在玩中学，学中悟，不断积累活动经验，提高观察能力、动手操作能力、解题能力，渗透数学思想方法（见图6-4）。

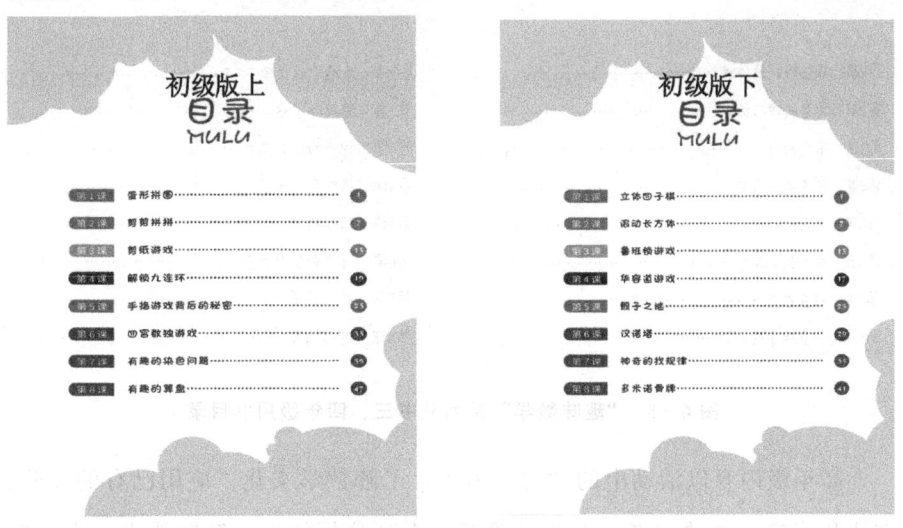

图6-4 "趣味数学"系列丛书初级版目录

中年级内容以活动中的"探"为主，在学生有兴趣的基础上经历探究的过程，积累经验、方法和策略，提高分析能力、解题能力，培养好学、好思等思维品质，感悟数学思维方法（见图 6-5）。

目录 三上	目录 三下
第1课 体验24点 …… 1	第1课 认识简单数列 …… 1
第2课 24点的技巧 …… 6	第2课 斐波那契数列 …… 6
第3课 火柴棒游戏（一）…… 12	第3课 加减速算 …… 11
第4课 火柴棒游戏（二）…… 17	第4课 填数游戏 …… 18
第5课 六宫数独游戏 …… 21	第5课 有趣的数数与计数（一）…… 23
第6课 余数的妙用 …… 26	第6课 有趣的数数与计数（二）…… 28
第7课 画图凑数法 …… 31	第7课 找图形规律 …… 36
第8课 列表凑数法 …… 37	第8课 幻方（一）…… 42
第9课 列表尝试法 …… 42	第9课 幻方（二）…… 47

目录 四上	目录 四下
第1课 有趣的数独游戏 …… 1	第1课 旅游中的数学 …… 1
第2课 神奇的四巧板 …… 7	第2课 智破数字谜 …… 6
第3课 多变的角 …… 11	第3课 神奇的计算工具 …… 10
第4课 神奇的魔术带 …… 16	第4课 搭配营养午餐 …… 16
第5课 算式谜（一）…… 21	第5课 巧分图形 …… 22
第6课 算式谜（二）…… 25	第6课 奇妙的密铺世界 …… 26
第7课 巧分东西 …… 30	第7课 神奇的蛋 …… 31
第8课 扑克牌中的奥秘 …… 35	第8课 智巧问题 …… 36

图 6-5 "趣味数学"系列丛书三、四年级用书目录

高年级内容以活动中的"思"为主，了解数学文化，应用已有的经验、方法和策略，主动思考，大胆试验等，提高分析能力、解题能力、推理能力、抽象能力，积累数学思维方法，建构模型，提高应用意识。

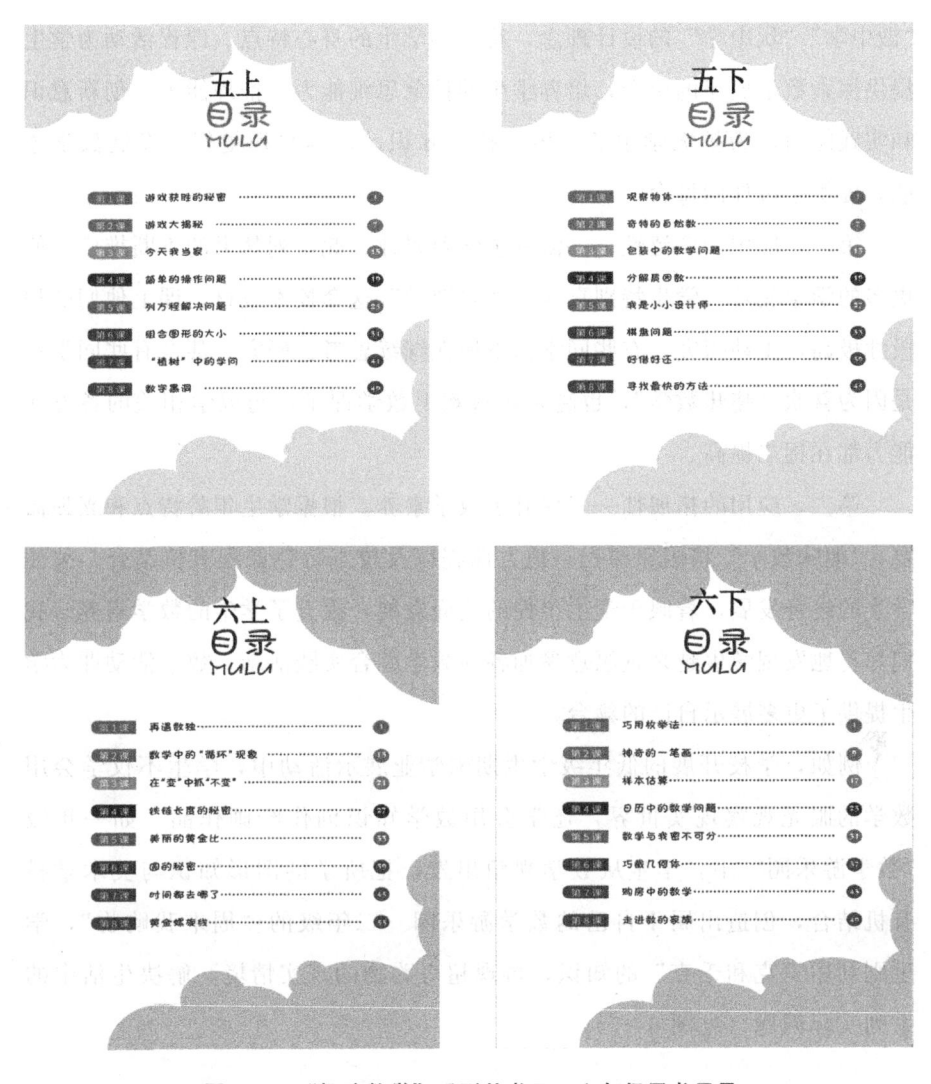

图 6-6 "趣味数学"系列丛书五、六年级用书目录

3. 发现和结论

研发、构建"趣味数学"校本课程学生系列用书,可形成鲜明特色,激发学生学习数学的兴趣,促进学校的发展。通过多样的校本数学活动课,可激发小学生感受数学之趣、数学之用、数学之美。

(1) 学生的发展

"趣味数学"校本教材从学生的身心健康出发,符合儿童的认知规律,

"做中学""玩中学"的设计理念，符合小学生的身心特点。课程活动为学生提供探索数学奥秘的机会，培养学生的抽象思维能力、推理能力、创新意识和实践能力，为扩大学生的视野，拓宽知识，培养兴趣爱好，发展数学才能，提供了最佳的舞台。

第一，应用的广泛性——激发了学习兴趣。此系列丛书的不断推广，使更多的学生受益。学生特别喜欢"趣味数学"这套校本教材，课上他们的积极性极高，主动探究，有些同学课下还在继续思考、研究。甚至有些同学就是因为喜欢"趣味数学"，也越来越喜欢上数学课了，与数学相关的各方面能力都在逐步提高。

第二，应用的拓展性——提升了数学素养。根据学生年龄特点和兴趣需要，"趣味数学"将国家课程、地方课程以及校本特色课程有机结合，关注学生的终身发展，着眼于学生个性的全面发展，提升了学生的数学素养。我们惊喜地发现学生越来越愿意参加各项数学综合实践活动，数学活动课为学生提供了更多展示自己的舞台。

例如，学校开展的低年级学生期末学业展示活动中，学生不仅学会用数学的眼光观察现实世界，还学会用数学知识创作绘画作品。如一年级"数学游乐园"中，学生从数学视角出发，把所学的图形知识与美术学科有机结合，创造出属于自己的数学游乐园。二年级的"周末我购物"，学生则利用"克和千克"的知识，再现超市购物的现实情境，解决生活中的系列实际问题（见图6-7）。

图6-7 低年级学生期末学业展示

有的低年级学生在老师指导下还尝试自主梳理知识，选取一个知识点讲"我的数学小故事"，学会用数学的语言表达（见图6-8）。

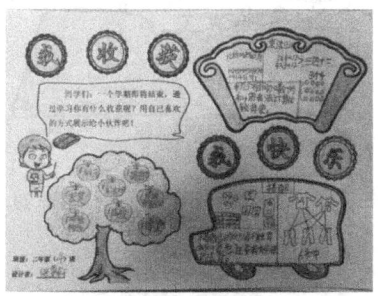

图6-8 低年级学生自主梳理数学知识

三至六年级学生在每个学期开展的综合与实践活动，将数学学习延伸到生活中，制作了主题鲜明、充满个性的数学小报（见图6-9）。

三年级《数字编码》

四年级《轴对称图形》和《一亿有多大》

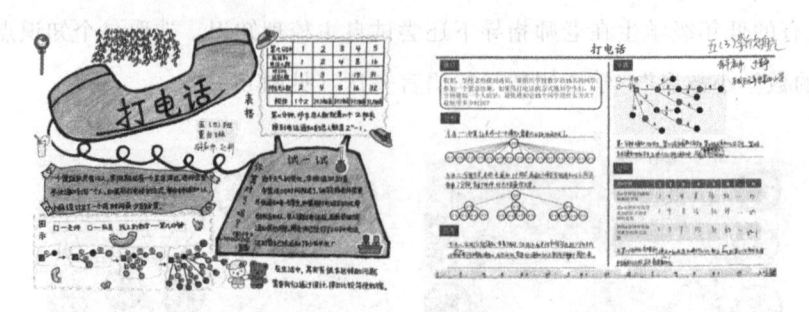

五年级《打电话》

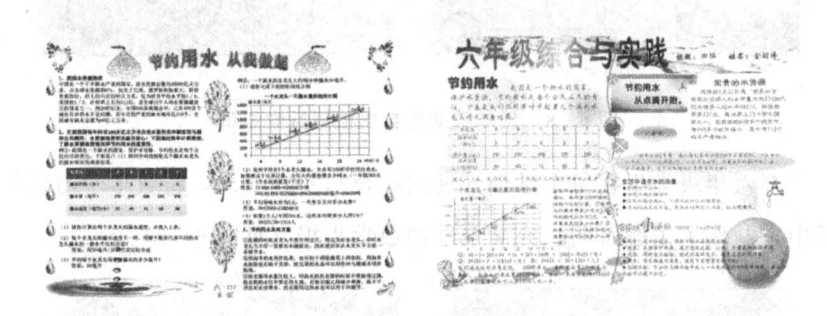

六年级《节约用水》

图6-9 三至六年级学生制作的数学小报

在综合实践的数学活动课中，学生开阔了思维，更愿意将数学拓展到实际生活和应用中，尝试用数学的眼光观察世界，用数学的思维分析世界，用数学的语言描述世界。

（2）学校的发展

第一，形成鲜明特色。学校的特色日益凸显，全方位、多层次的办学思路及"以美育美"的办学理念，和"明理、优雅、勤勉、向上、全面发展、学有所长"的育人目标得到了广大家长的信任与支持，在社会上赢得了广泛的赞誉。

第二，丰富课程体系。校本课程与国家课程相比，更能尊重和满足学校教育教学的独特性和差异性。学校自主研发的"趣味数学"校本系列教材是人教版数学教材的拓展和提升，更注重系统性、实践性、探索性、创新性，落实各级各类课程目标，落实各维度培养目标，从而最终实现学校的整体育人目标。

七、分析和讨论

近年来,学校课题组成员以校本课程实施为平台,从各自研究的侧重点出发,透过互动、互补,使课题研究开展有序,进展良好。

（一）建章立制保障课程科学实施

课程制度是现代学校制度建设的核心。为了扎实落实、平稳推进课程,学校成立课程管理领导小组,研究制定《学校课程管理办法》《教师课程培训制度》,规范的规章制度为课程实施提供了有力的保障。

（1）校长全面负责,课程主任统一安排具体实施。

（2）坚持教研制度,保证校本课程的开发与实施工作不断完善和向纵深发展。

（3）学校在经费、人力和物力上对于课程研发给予最大的支持。

（4）学校对参加校本课程的开发与实施工作的教师给予一定的奖励。确有突出成绩的,将在评优、评先时给予优先考虑。

（二）评价机制调控课程动态实施

国家教育咨询委员会委员陶西平先生曾说过:"教育改革必须有教育评价科学来引领和支撑,尤其是学生评价方面的理论。"将评价目标定位于"促进学生全面而健康的发展,满足学生需求"。在课程设计、研发、实施的过程中,通过评价机制调控课程设置是我们遵循的准则。对于学校课程的管理工作主要从申报与审批、课程开发、实施与管理、工作量方面来强化。

"趣味数学"活动课是学校"以美育美"课程体系下的拓展课程,"趣味数学"用有趣的内容吸引学生,寓教于乐,增强学生探究问题的欲望;用活动的方式调动学生,寓教于动,培养学生数学应用的才能;用数学的思想熏陶学生,寓教于思,提高学生数学思维的水平。研究过程中我们尝试多元化主体评价,从单向转为多向,增强评价主体间的互动。由老师、家长、学生共同参与的主体多元化评价,强调学生自身成为评价主体中的一员,以多渠道的反馈信息促进被评价学生的发展。

如何实现课程评价主体多元化？如何能更全面、更科学地评价学生的学习？我校制作"趣味数学"活动课程评价档案。在一张看似简单的评价档案中，力图展示出学生的学习过程、学习兴趣、积极情感体验、未来发展，发现和发展学生多方面潜能，激励学生更加积极地投入到活动课程的学习中来（见图6-10）。

图6-10 "趣味数学"活动课程评价档案

在"趣味数学"活动课程评价档案中，从"大家眼中的我"一栏中可以看出，评价主体由三个要素组成，分别从"老师""家长""伙伴"三个视角评价。老师的评价来自课程本身、课堂表现，主要包括学习习惯、学习态度、学习能力等。家长的评价是从生活观察课堂学习的延伸，主要包括学习兴趣、情感体验、学习收获等。伙伴间的评价源于学习过程中的互助、合作、交流等。其中来自伙伴间的互评，既可以取长补短，又培养了学生分析、欣赏、审美等能力，让学生更客观地看待学习伙伴，起着不可替代的作用。

图6-11 不同评价主体对于活动课程的评价

如果说伙伴评价是客观的，自我评价更能促进学生自我认识、自我反思，从而不断进步和提升。活动课程学习需要学生眼、耳、手、脑、口等多种感官参与，在"我的收获"一栏中，引导学生从动脑、动手、交流不同的角度进行自我评价。期望通过评价主体多元化，从关注"过程"而促进"结果"的提高，使得评价趋于全面。

【附1】"自行车里的学问"主题课程

一、课程架构

（一）课程设计背景

此课程设计是和平里第四小学"以美育美"课程下的"主题课程"的实践探索。此课程是以人教版数学六下数学"自行车里的数学"综合性学习，六下科学"自行车"单元为基础的主题化学习，是为六年级学生而设计的。

此课程设计以学科知识为主干、以主题为单位、以活动为主线，将多学科的知识融会贯通，更让学生在活动中习得了方法、获得了体验，进而提升自身综合素养。

（二）课程选题说明

1. "课标"是课程的基石

新一轮课程改革不仅把"综合性学习"作为国家基础教育课程设置中的课程类型，提出实施以"综合性学习"为核心的综合实践活动课程。主题课程是综合性学习的具体体现，它的设计开放、多元，提倡与其他课程相结合，开展跨领域学习。"自行车里的学问"跨学科学习，从课内学习向课外延展，涉及了语文、数学、美术、科学等多门学科，体现学科韵味，更是把学科知识作为主干，将其他学科知识应用于此，更好地促进了各学科间的相互融合，以期通过这样的活动载体来提高学生的综合素养。

2. 学习与生活同行

心理学研究表明，学习内容和学生熟悉的生活情境越贴近，学生自觉接纳知识的程度就越高。我们国家又被称为"自行车王国"，让学习和生活同行，让学生感到学科知识不只是在教材里，还在现实生活中，从而使学生积极主动投入学习探索中，使得学生在学习活动中发现问题、提出问题，在生活实际中理解问题、掌握知识。把社会生活中的鲜活题材引入学习的大课堂中，学生以小组为单位开展活动，在互相协作中既能丰富学生的生活经验，又能引导他们从理性、科学的角度去观察、分析现实社会,去解决日常生活中的现象和问题,形成探索创新的能力和意识。

(三)课程设计理念

1. 帮助学生经历科学研究的过程

科学研究的过程,即提出问题、作出猜想、寻找证据,最后得出结论或引发新的思考。我们为学生传递的是注重研究过程,而非得出某种固定结论,是为发现新问题、产生新思考而设计的,相信这样的研究也更加具有活力和动力。证据的寻找要通过实验,开展系统的调查,收集相关数据对现有的理论和解释来进行验证,对之前错误的结论进行修正或者发展成为新的理论和解释……

2. 源于生活现象提出的科学问题

对小学生而言,科学问题的提出源自生活中的某个现象,并寻找解释这些问题的理论;根据学生的生活经验对此问题进行猜想,确认哪些问题已经明白,哪些问题还没有解决,哪些答案已经被证实,哪些问题还需要进行探索。

3. 调查搜集数据提出新的思考

我们引导学生在运用多种形式查找、收集、梳理大量资料的基础上,找到自己真正想研究的方向,也许是关于构造原理方面的;也许是改进发展过程的;也许是关于共享单车之类的人文社会问题……

(四)课程实施目标

(1)在课内学习基础上,围绕"自行车"这一主题展开深入学习,探究自行车里的学问。运用自行车相关知识提出研究问题,并探究解决问题,提升学生问题意识。

(2)经历小组确定研究主题、设计研究方案、实验研究、宣传海报制作等过程,掌握调查、研究的方法。

(3)积极参与、分享交流,增强动手操作能力,体会分工合作的意义,增强团队合作意识。

(4)采用任务驱动方式培养研究能力,发展学生核心素养。

二、课程实施

(一) 课程实施步骤

课程实施中,按照以下步骤推进教学,最终达成促进学生核心素养提升的目标。

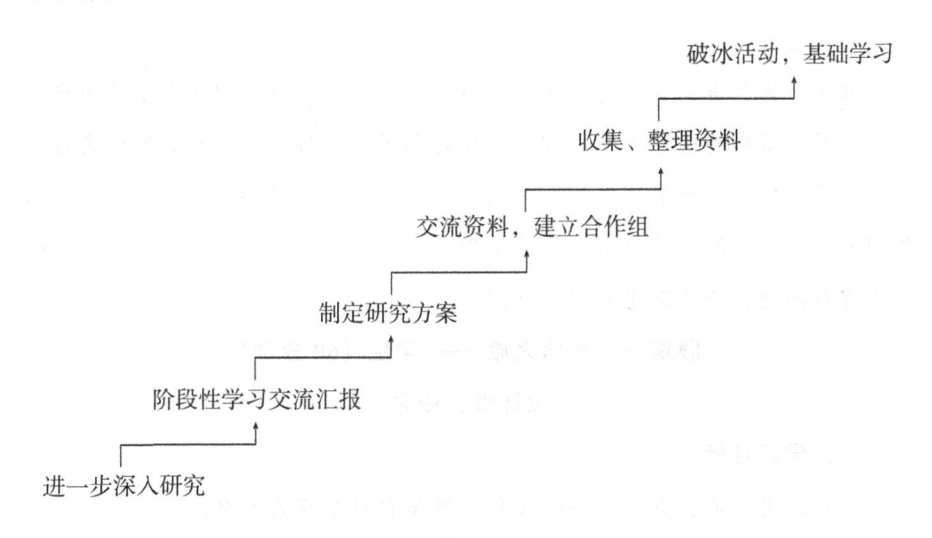

```
                                    破冰活动,基础学习
                                         ↑
                                收集、整理资料
                                    ↑
                        交流资料,建立合作组
                            ↑
                制定研究方案
                    ↑
        阶段性学习交流汇报
            ↑
进一步深入研究
```

图　课程实施步骤

(二) 课程实施推进

1. 团队的培训

在组建团队时,对于长期从事学科教学的老师是个挑战,于是我们为老师购买 STAM 案例集《桥世界》作为学习资料,组织专业教师对课题组成员进行培训;请罗炜老师设计互动体验项目——制作硬纸板自动机,开展跨学科破冰之旅,让课题组老师切身感受合作、创意与整合。课型有分科教学,也有学科联合教学。

2. 情境的创设

为使学生进入深层次学习,我们有计划地推进学科教学,包括数学课——自行车里的数学,科学课——自行车的发明与发展、自行车的结构、自行车的行驶、制作机器模型等以及美术课——学习设计招贴画或海报。在学科教学中,我们重视真实情景的导入,尽量将教材中的抽象知识还原成学生熟知的生活,帮助学生更好地理解其中的原理,让学生边体会、边生活、边学习知识。

3. 资料的运用

在学习中，我们为学生搭建了多种学习平台，开放机房供学生查阅资料，安排时间、场地为学生小组研讨提供条件。引导学生采用多种形式收集、整理资料，利用多种时空收集相关数据，大胆体验多种预设情况，以便进行深入思考。

对于研究而言，我们引导学生将研究中获得的结论放到现实生活中进行验证，教师帮助检验学习的成效，可以是利用一个科学概念或者理论来对一个现象进行解释，或者回答某个问题，又或者是进入更深的研究中。总之，我们为学生传递的是注重研究过程，而非得出某种结论，我们的研究一定是为发现新问题、产生新思考而设计的。

版块一 破冰之旅—— 学生（60分钟）
设计者：张希

一、学习目标

（1）通过交流、查找资料等活动，搜集自行车相关素材。

（2）填写任务单，小组分工明确任务、确立研究方向。

二、教学策略

交流、讨论。

三、教学准备

见附件。

四、教学环境

教室、学生小组。

五、学习内容

任务1：由"中国是自行车大国"谈谈你的感受。

任务2：各抒己见。随着现代化社会的发展，自行车离我们愈来愈远了吗？

任务3：自由发言，说说你和自行车的故事，你喜欢它哪一点？

任务4：按照喜好，收集相关资料进一步研究。

任务5：梳理个人研究方向，将意向相同的同学分小组。

任务 6：小组讨论，确定研究方向。

任务 7：小组确定研究问题，整理资料，将困难记录下来。

六、评价要点与工具

评价要点：资料搜集整理充分、有条理，合作能力强。

评价工具：表1确定研究方向（见附件）。

七、课后任务（5 天）

根据研究方向，课后继续搜集整理资料，提出有价值的问题或现象。

附件：学生破冰之旅任务单

表 1　自行车研究方向

学习主题	自行车的学问
收集的资料	
感兴趣的问题	

版块一　破冰之旅——教师（40 分钟）
设计者：罗炜

一、学习目标

（1）通过观察、研讨等活动，了解收集的自行车资料。

（2）小组分工，明确任务，确立研究主题，制订研究计划，填写研究任务单。

二、教学策略

交流、讨论。

三、教学准备

见附件表1、表2。

四、教学环境

教室、学生小组。

五、学习内容

任务 1：观看图片，讨论对自行车的认识。

任务 2：从国家层面、社会层面、家庭层面、个人层面，多角度分析、讨论自行车的发展及意义。

任务3：结合收集资料，确定研究主题。

任务4：小组讨论，进一步收集资料内容。

任务5：小组制订研究计划。

任务6：观看视频"超级变变变"，进一步开阔思路。

六、评价要点与工具

评价要点：资料收集整理充分、小组合作高效。

评价工具：见附件表1、表2。

七、课后任务（2天）

根据视频学习，整理收集的资料，初步确定研究范围。

附件：

表1　自行车研究主题

收集的资料	相关的兴趣问题	研究主题

表2　小组合作自评表

我在小组里的工作是：
在小组里遇到的困难是：
遇到困难时采取的解决办法是：
使小组合作更高效，我做了：

版块二　自行车的奥秘（60分钟）

设计者：丁玄子

一、学习目标

（1）通过观察、结合经验、查阅资料等方式，了解自行车的基本结构以及发展变化。

(2) 分小组提出研究设想并制订研究计划。

二、教学策略

学生进行资料交流，观察自行车，分小组讨论。

三、教学准备

自行车，表1、表2（见附件）。

四、教学环境

教室、学生小组。

五、学习内容

任务1：给出"自行车"关键词，说一说对它的印象与看法。

任务2：学习自行车基本的演变历史。

任务3：观察自行车，了解自行车基本的构造。

任务4：个人思考想要研究的内容。

任务5：班级汇报汇总，选题接近的同学分为一组。

任务6：小组确定研究题材，并制定研究方案。

六、评价要点与工具

评价要点：小组研究内容的确立、合理分配工作。

评价工具：小组研究内容及分工（见附件）。

七、课后任务（3天）

根据小组的研究题材，制定初步的研究方案并着手实施。

附件：梳理学生拟研究问题

在交流分组之后同学们制定的研究主题：

(1) 齿轮和链条的工作原理。

(2) 为什么现在的自行车右手是前刹车、左手是后刹车？

(3) 自行车车座高低与省力费力的关系。

(4) 近十年北京人使用自行车的状况。

(5) 自行车灯如何工作？

(6) 自行车外形的变化。

……

表1 个人研究计划

姓名：_____

我感兴趣的有关自行车的内容	
我想研究的内容	
为了研究相关内容我准备进行哪些活动（研究方法）	
在研究过程中的感受	

表2 小组研究计划

组长：_____　　　　日期：_____

我们要研究的主题及选题原因	
我们的研究过程（时间安排）	
我们的研究呈现方式（需要材料）	
小组成员及分工安排	
我们的困惑与新问题	

版块三　自行车蹬一圈能走多远？（60分钟）

设计者：赵翰

一、学习目标

（1）通过测量、计算等活动，了解普通自行车蹬一圈能走多远；走多远与什么有关。

（2）在探究普通自行车蹬一圈能走多远的过程中，综合运用所学知识理解并掌握自行车中前后齿轮齿数与转动圈数之间的比例关系。

（3）理解变速自行车的变速原理与其能组合出多少种速度。

二、教学策略

交流、讨论、合作、推理。

三、教学准备

自行车、卷尺、齿轮模型、数学作业纸。

四、学习内容

任务1：观看自行车图片，找到其中蕴含着哪些已学的知识，提出新问题。

任务2：观察，骑行实物自行车，理解自行车的驱动结构。

任务3：合作探究理解问题，组员交流提出问题解决的初步方案。

任务4：利用齿轮模型研究自行车前后齿轮关系。

任务5：利用前后齿轮关系，精确计算距离，完成表1（见附件）。

任务6：对比分析自行车蹬一圈走的距离与什么有关。

任务7：理解变速自行车变速原理，完成表1（见附件）。

任务8：骑行变速自行车，感受不同组合下的用力情况与自行车骑行距离。

五、评价要点与工具

评价要点：普通自行车行走距离报告，变速自行车前后齿轮搭配表，合作探究能力。

评价工具：表1普通自行车行走距离报告（见附件）

六、课后任务（3天）

课后搜集资料，寻找自行车里存在的数量关系以及其在生活中是否还有别的应用。

附件：

表1 普通自行车行走距离报告

车轮直径5分米。

前齿轮数	后齿轮数	后齿轮转数	前进距离
48	24		
48	16		
40	16		

版块四 招贴画与自行车里的学问（80分钟）

设计者：王雪

一、学习目标

（1）通过观察、分析、交流，了解招贴画的特点及设计方法，能根据"自行车里的学问"这一研究主题，结合自己整个阶段的学习，探究与感悟

161

设计制作一幅招贴画作品。

（2）小组分工明确，设计制作完成本组研讨内容的大标题、理论文字、插图和装饰，使整幅招贴画作品图文并茂，既有自行车观点研究翔实的理论依据，也有美观的艺术效果。

（3）积极参与提高合作意识，在研究"自行车里的学问"活动的推进中不断提高各方面能力，学习并高质量地填写学习单。

二、学习策略

观察、分析、交流、探讨。

三、学习准备

表1招贴画知识的了解、分析调查报告（见附件）。

四、学习环境

教室、有招贴画的场所、网络环境。

五、学习内容

（1）分好小组提出任务，初步了解招贴画，学生自行从各种途径了解。

（2）带领学生走出教室，在我们生活的场所发现招贴画，了解招贴画，感受招贴画的作用与我们的联系。

（3）欣赏、观察招贴画图片，发现招贴画的特点。

（4）观察、分析找到招贴画的组成元素，及探究各元素的表现方法。

（5）小组学生交流、探讨，针对自己组在"自行车里的学问"的研究观点，思考该如何用招贴画表现。

（6）为了把观点更好地表达出来，小组同学思考对招贴画进行改进。

（7）根据小组的招贴画设计，结合研究的"自行车里的学问"进行总结汇报。

（8）进行设计的评价与学习单的填写。

六、评价要点与标准

评价要点：收集资料的能力，观察与探究的能力，填写报告与汇报总结的能力，结合"自行车里的学问"的观点进行设计与制作的能力，合作的能力。

附件：

表1　招贴画知识的了解、分析调查报告

用什么途径了解到招贴画	简单介绍什么是招贴画
介绍一幅招贴画的内容 （可贴照片并说明）	给你组留下深刻印象的招贴画的设计巧妙之处 （可贴照片并说明）
了解到招贴画的特点	发现招贴画的组成元素

表2　招贴画展示评价表

评价内容	评价等级			
	A	B	C	D
小组成员分工明确，各项工作准备充分有序，时间安排高效、合理。				
招贴画表现自行车主题的内容设计得巧妙、新颖，理论翔实。				
招贴画元素完整，设计的内容版面合理美观，具有审美性。				

表3 招贴画设计、制作、汇报评价表

	基本合格	良好	优秀
设计理念	□能够应用所学知识说明设计意图。	□结合招贴画作品，清晰有条理地说明设计想法。	□能够综合应用多学科，结合"自行车里的学问"的观点与时代特点阐明招贴画的设计理念。
分享表达	□组员表达基本流畅有条理。	□在汇报交流过程中能够提出有价值的问题。	□分享过程中有独到的见解与思考，清晰表达本组对自行车的研究观点。
实际效果	□设计的招贴画图文并茂，元素完整。	□设计的招贴画能够表达本组对自行车问题的学习与理解。	□设计的招贴画不但可以深刻表达本组对"自行车里的学问"观点，更加具有观赏性并能突出时代特点。
能力培养	□学习能力得到培养。	□学习能力得到提高，合作意识增强。	□各方面能力都有了大幅度的提升。

版块五 "自行车里的学问"课程展示（60分钟）

设计者：李莉

一、学习目标

（1）通过前期的调研、研究、实践，以小组为单位交流、展示小组研究成果。

（2）完成汇报招贴海报，小组在全班汇报。

（3）通过展示交流活动，取长补短，明确后面的研究方向，加深对自行车的了解。

二、教学策略

展示、交流、讨论。

三、教学准备

招贴海报、幻灯片。

四、教学环境

教室、学生小组。

五、学习内容

任务1：完善学习成果，小组进一步研究讨论、梳理研究成果。

任务 2：小组展示中期研究成果，开展全班讨论。

任务 3：通过讨论，加强对于自行车的了解，修改自己的研究成果。

六、评价要点

评价要点：成果展示思路清晰，讲解有条理，合作能力强。

七、课后任务

课后继续搜集整理资料，分工合作完善研究内容或提出更有价值的新问题。

版块六　自行车的结构（40分钟）
设计者：罗炜

一、学习目标

（1）通过观察、体验、交流，运用分析概括的方法能发现自行车中的一些简单机械。以事实为依据，能用正确的原理进行分析。

（2）通过评价小组交流达成共识。知道自行车是由许多简单机械组成的复杂机械，技术是人类能力的延伸，科学技术服务于人类。

二、教学策略

探究、交流、讨论。

三、教学准备

自行车。

四、教学环境

教室、学生小组。

五、学习内容

骑车的经验：（1）为什么喜欢骑车；（2）有哪些骑车的经验。

实际的问题：（1）为什么捏闸车会停下来；（2）骑车感到省力。

正确的应用原理进行分析判断：你认为它们运用了什么简单机械？为什么这样认为？

六、评价要点与工具

评价要点：合作实践、汇报交流

评价工具：表1评价量规（见附件）

七、课后任务（2天）

自主调查了解自行车中还有哪些简单机械。

附件：

表 1 "自行车的结构"评价量规

项目		标准	分值
小组合作实践	动手操作	能够参与。	1
		积极参与。	2
		主动实施操作。	3
	合作交流	能够倾听其他同学意见。	1
		主动发表自己见解。	2
		协调组内共同完成。	3
小组汇报交流	语言表达	敢于发表组内意见，表述基本清楚。	1
		能用科学的语言表述。	2
		能用科学的语言表述，并条理清晰。	3
	知识运用	能用所学的旧知识进行解释。	1
		能用所学的旧知识进行解释且基本正确。	2
		能正确的应用原理进行分析判断。	3

版块七 "自行车里的学问"课程展示（60分钟）

设计者：张希

一、学习目标

(1) 以小组为单位交流、展示小组研究成果。

(2) 全班同学交流、讨论。

(3) 通过展示交流活动，更全面、深入地了解自行车里的学问。

二、教学策略

展示、交流、讨论。

三、教学准备

招贴海报、幻灯片。

四、教学环境

教室、学生小组。

五、学习内容

任务1：完善学习成果，小组进一步研究讨论、梳理研究成果。

任务2：小组分工合作，确定呈现研究成果的方式，老师深入各个小组与成员一同进行汇报展示。

任务3：利用各种工具、方式，呈现作品。

任务4：成果展示，将小组设计的自行车海报，贴到黑板上做展览。小组展示交流。

任务5：全班讨论，交流。

六、评价要点与工具

评价要点：成果展示充分、合理，思路清晰，讲解有条理，合作能力强。

评价工具：表1 小组合作学生互评表（见附件）

七、课后任务（5天）

课后继续搜集整理资料，完善研究内容或提出更有价值的问题。

附件：

表1　小组合作学生互评表

	评价内容	组员1	组员2	组员3	组员4
参与态度	1. 认真参加每一次活动，对每一次活动始终保持浓厚的兴趣。	☆	☆	☆	☆
	2. 我能积极学习各种电脑、网络知识，能利用网络与他人进行交流。	☆	☆	☆	☆
	3. 我能发挥自身的优势为小组提供必不可少的帮助，努力完成自己承担的任务。	☆	☆	☆	☆
协作精神	4. 我能积极配合小组开展活动，服从安排。	☆	☆	☆	☆
	5. 我能积极地与组内、组间成员交互讨论，能完整、清晰地表达想法，尊重他人的意见和成果。	☆	☆	☆	☆
	6. 在活动中，我和大家能互相学习和帮助，促进共同进步。	☆	☆	☆	☆
创新实践	7. 我有浓厚的好奇心和探索欲望。	☆	☆	☆	☆
	8. 在小组遇到问题时，我能提出合理的解决方法。	☆	☆	☆	☆
	9. 活动中，我能发挥个性特长，施展才能。	☆	☆	☆	☆

续表

	评价内容	组员1	组员2	组员3	组员4
能力提高	10. 在活动中，我能运用多种渠道收集信息。	☆	☆	☆	☆
	11. 我在活动中遇到问题不退缩，并能自己想办法解决。	☆	☆	☆	☆
	12. 我与他人交往的能力提高了。	☆	☆	☆	☆

"自行车里的学问"课程评价

陈 英

近年来，学校围绕"以美育美"的办学思想，构建"1+4+6"的"以美育美"的课程体系，形成"3+2+x"的"以美育美"课程实施方案，系统地规划和建构促进核心素养"落地"的课程体系。"一切为了学生发展"是教育评价的根本，无论是课程评价、学校评价，还是教育发展评价，最终都要回归到"育人为本"这个最根本的主题上。为此，我们在课程体系的多维度、课程形式的多元选择、课程评价的多元化方面，都紧紧围绕学生核心素养发展这个核心，构建"以美育美"课程多元化的评价体系。

首先，自行车里的学问情境创设体现实际问题解决、主题课程打破学科界限、教师课程观角色变化，真正促进学生核心素养发展。从课程实施过程看，综合实践性的主题课程哪怕是暂时性的改造，对学科老师来说都是一项挑战。老师们都会经历迷茫困惑—学习了解—躬身实践—反思提升的过程。一批实验教师率先变革，付出着也收获着。而在这种变革中学生经历的学习过程，不同于常规课堂中教师大段的讲解，取而代之的是学生的探索与分析，利用各种方式表述研究结果，充分体现语文、英语学科语言是表达情感、想法的工具；数学、科学学科是用数学的眼光、科学的思维方式看待生活中的问题；美术、信息学科是用美的方式展示。

其次，在"自行车里的学问"课程学习评价中，我们按照活动记录、研究设计、海报制作、研究成果呈现等多种形式进行考量。对主题学习的效果反馈，通常是以学习活动来承载的，有校园内小组的交流合作，也有校外的实验与调查……从成果形式、小组分工、合作、呈现的学习效果等综合评定学生此次学习的实际获得。综合实践主题课程在学习中需要学生眼、耳、手、脑、口等多种感官参与，除常规课堂教师评价外，更重视学生间的评价，伙伴间的评价源于学习过程中的互助、合作、交流等。其中来自伙伴间的互评，既可以取长补短，又培养了学生分析、欣赏、审美等能力，让学生更客观地看待学习伙伴。这样的评价是在开放、互动、综合的学习进程中，学习的全过程也是教师进行评价的过程。从布置主题活动开始，包括制定活动方案、提交每一份作业、每一次演讲、每一次实验或者报告等。老师、学生共同经历探究的过程，评价的目的不在于甄别、筛选，而是推进、调控，从关注"过程"而促进"结果"的提高，使评价趋于全面、客观、真实。

教育的复杂性、课程的多样性、学生发展的丰富性存在很多无法量化的主观现象，诸如人的需要，个体的经验、态度、情感、观念等。应该说，课程评价的最终目的是促进被评价者在原有的基础上更好地发展。正如著名教育家顾明远先生所说："为每个学生提供适合的教育就是最好的教育。"教育的终极目标是成长过程导向的努力，比结果导向的努力会带来更多意想不到的收获。

【附2】课题研究成果一览

附表1　教学成果目录（研究课）

序号	研究课	任教年级	级别	时间	获奖情况
1	"多一些少一些"	二	市级	2017.3	市区联动展示课
2	"小小设计师"	二	市级	2017.3	市区联动展示课
3	"平均数"	四	市级	2017.3	市区联动展示课
4	"等号的再认识"	五	市级	2017.3	市区联动展示课
5	"邮票中的数学"	六	市级	2017.3	市区联动展示课
6	"数对确定位置"	五	市级	2018.10	珠海市培训示范课
7	"搭配问题"	三	市级	2019.5	珠海市培训示范课

续表

序号	研究课	任教年级	级别	时间	获奖情况
8	"分数的简单应用"	三	市级	2019.11	珠海市培训示范课
11	"速度、时间、路程"	四	区级	2018.11	东兴杯骨干展示课
12	"圆的认识"	三	区级	2018.11	东兴杯骨干展示课
13	"6和7的认识"	一	区级	2019.10	学区级展示课
14	"观察物体"	二	区级	2019.10	学区级展示课
15	"周长的认识"	三	区级	2019.10	学区级展示课
16	"平行于垂直"	四	区级	2019.10	学区级展示课
17	"平行四边形的认识"	五	区级	2019.10	学区级展示课
18	"比的认识"	六	区级	2019.10	学区级展示课

附表2 教育教学成果目录(出版、发表)

序号	材料名称	主办单位	时间
1	《以美育美 实践探索》	吉林出版集团	2016.10
2	文章《习于智长 优与心成》	人民交通出版社	2018.6
3	《趣味数学》初级版上、下册系列丛书	人民交通出版社	2019.11
4	《趣味数学》三年版上、下册系列丛书	人民交通出版社	2016.1
5	《趣味数学》四年级版上、下册系列丛书	人民交通出版社	2016.1
6	《趣味数学》五年级版上、下册系列丛书	人民交通出版社	2019.11
7	《趣味数学》六年级版上、下册系列丛书	人民交通出版社	2019.11

第二节 习于智长、优于心成

"习于智长、优于心成"出自南宋哲学家、理学集大成者朱熹所撰的《小学》。意思是"践习可以促进智的增长,并化育成就为态度,比喻早期教养形成的习惯随年龄增长会养成某种较稳定的品质。

教学质量是学校工作的落脚点和归宿。教学质量监控，目的是保证课程有效实施；内容是对教学的过程和情况进行了解和检测；作用是找出反映教学质量的资料和数据，分析其中的得与失；归宿是促进学生学习水平的提高和教师专业化发展。依托数据分析诊断，找数据背后隐藏的教学优势与不足，更好地为教学工作提供科学的依据，指明方向，确保教学质量稳步提升。

一、和平里四小的实践

（一）实施低年级学业展示

全面落实市区减负增效的总目标，依据东城区小学生期末学业质量综合评价方案，继续开展学业评价方式研究。和平里四小资源带组织基于学科素养"共研、同思、求均衡发展，保质、增效、促素养提升"的语文、数学、英语学科学业展示活动，体现了低年级日常教学中重在一个"实"字，迎一个"新"字，思一个"变"字，在评价制度改革大潮下，确保"形式变而质量不掉"，为学生中高年级的学习奠定了坚实基础。

1. 学业展示的意义

美国心理学家埃里克认为，人要经历八个阶段的心理演变。其中第四阶段是6至12岁儿童所处的"勤奋感和自卑感"冲突的阶段。对学龄初期儿童影响最大的已经不是父母，而是他们的同伴或邻居，尤其是学校中的教师。如果能得到成人的支持、帮助与赞扬，鼓励孩子努力完成任务，则能进一步加强他们的勤奋感。学业展示就是帮助低年级学生体验成功的手段之一。

2. 学业展示的方式

学业展示的方式，符合当代先进教学的共同特点：以培育学生健康向上的心理品质为基础，以创造条件使学生不断获得学习成功机会为主要原则，以培养学生学习兴趣为主要手段。从制定实施方案、编制展示题、制作学生手册、布置展示现场、撰写并录制乐考开场视频到协调人员安排、收集相关资料等，行政会、组长会、考务会做到有机制保障、管理细致、落实到位。

3. 学业展示体现知识掌握情况

质量监测方式的改革带来的是评价方式的变革，资源带结合日常单元检测、专项比赛、课堂表现等进行综合评价。评价是引导学生发展的重要引擎，学业展示是从关注一张试卷到关注学生的日常学习过程，从知识掌握到培养发展学生的学习习惯、方法、能力等学习品质的形成的重要举措。

（二）落实三至六年级纸笔测试

传统的纸笔测试对学生学业水平监测具有不可取代的地位和作用。学生完成纸笔测试任务的过程也是一个学习过程。

1. 资源带语、数、英总体情况

从图6-12可看出三科的良好率均达到95%以上，从表6-3可看出三科合格率均在99%以上，数学、英语待合格率呈下降趋势。三科年级均分都在80分以上（满分90分，除六年级英语80满分＋10%口语＋10%综实均分76.6分），均高于区优秀标准。总体来说资源带各科整体成绩优良，绝大部分学生的学业达到优秀水平。

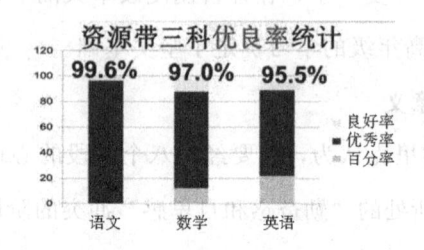

图6-12 资源带三科优良率统计

表6-3 资源学期带三科合格率统计

学科	学期	合格率	待合格率
语文	一学期	99.95%	0.05%
	二学期	99.95%	0.05%
数学	一学期	99.14%	0.86%
	二学期	99.90%	0.10%
英语	一学期	99.87%	1.13%
	二学期	99.33%	0.67%

2. 资源带三至六年级基本情况

从无缺考且优秀率100%情况看，共计25个班次，比一学期增9个班次，占48个班级的52.1%。这些老师们所教班级学生全部达到区优秀水平标准，足可见老师们所费的心思、所下的功夫。相关教师在保优方面的经验在分学科质量分析中与大家交流分享，让更多的教师从中受益。从两学期数据纵向比较看，这些教师有市区级骨干教师，有教学经验丰富的成熟教师，有朝气蓬勃的青年教师，在短短一个学期的时间内，班级成绩有大幅度的提升，说明教师们恰当的教学方式方法和日常辛勤的付出，促进了班级成绩整体稳步提升，教学质量呈上升趋势。

二、和平里四小的思考

（一）梳理教学优势

1. 共同体促发展

在东城区教育综改的大潮下，和平里四小优质教育资源带形成了一校三址的办学格局。几年来，不断探索优质教育资源带科学纵深发展模式，逐渐形成三种较为成熟的教研模式：校区内小教研组团队、跨校区大教研组共同体、现代化数字校园联盟，让我们看到资源带办学理念有高度，教学管理有深度，教师团队有合度，教学研究有厚度。教师们"用最美的教育遇到更好的自己"的教育情怀，发展自己，促进学生的全面成长，提升和平里四小品牌化建设。

2. 借平台展风采

在北京市教研部全学科视导活动中，资源带开创了多个之"最"：上课节次最多，教师分布最广，课程覆盖面最全。82节40分钟课堂的授课教师有青年教师、骨干教师、成熟教师，授课教师中语、数、英教师做课52节占63.4%。特级教师及众多专家走进教师们的课堂，专业化的指导引领教师走在教育教学的前沿。此次活动既是教师展现自我的舞台，又是学生学习知识、不断成长的圣地，还是师生共同努力提高教学质量的主阵地、主战场。"主战场"的"战"打好了，教学战果必然是丰硕的。

3. 秀技艺寻增长

教育离不开教师，教师是教育根本，学科教师是教育教学中的最大变量。由多学科教师参与撰写的《习于智长　优与心成——教师教学随笔》正式出版发行，以多元化"路径"拓展教育教学广度。该书围绕"把学生放在正中央"的教育理念，教师们深入观察、实践、诠释、思考，从而获取改变创新的力量；享受教学研究的乐趣；品鉴课堂教学的滋味；寻求教学常规的章法；担当爱岗爱生的责任……将实践中的所思所行加以梳理，与大家分享、交流。撰写教育随笔价值所在是发掘教师的实践智慧，以及这些经验和行为背后的教育思想、教育理论和教育信念，从而感悟教育的本质、规律和价值意义，而这正是教师专业发展相关的核心内容。

（二）聚焦教学质量

1. 关注变化

义务教育 2018 年 9 月 1 日启用三科新教材。北京市教委公布意见，指出初中学生综合素质评价是对学生全面发展状况的观察、记录和分析。其中，综合素质评价内容包括学生的思想道德、学业水平、身心健康、艺术素养、社会实践等方面。这条新规传递的信息是：关注学生，不只是关注学生的一张考卷或是分数，还要在过程中去关注学生的实际表现。

时代在变，教育在变，学生在变，如果还仅仅重复着过去的做法，这种没有创新的传承如无源之水。教育是动态发展的过程，常教常新。我们应该关注教育改革中的新动向，因为新课程倡导教师的知识不仅要"专"，而且要"博"。信息技术飞速发展的今天，学科之间的横向联系不断加强，教师要想透彻讲解和分析某一专门学科知识，往往得借用其他学科的相关知识。

2. 学会学习

"习于智长，优于心成"，智慧的增长来自学习，美好的品行出自心灵。教师学会学习，提倡四个意识——课程意识、教研意识、阅读意识、合作意识。

学校教育的核心在课程。综合实践课程：以综合实践活动课程为载体，基于核心素养培养的需要，开放的学习方式和个性化的探究主题，让学生通过知识技能的运用,在问题解决的活动中,感受综合运用知识的过程。将单一的课程结构与社会、生活、时代相联系,尤其注重课程与学生生活经验的融合,让学生在多样化的实践活动中学会学习和生活。学校围绕"海洋科普进课堂"为主题开展系列实践活动,2018年则开展了"自行车里的学问"主题课程研究。

(1) 基于主题式课程对教师角色的转变

教师将主题活动分割为相互递进的学习活动,在主题单元实施过程中要设计一些微活动来维持学习者探究的兴趣;教师会为学生提供探索各种概念以及将这些概念应用到实际过程中所需的资源。在学习的过程中,教师讲授的时间少了,教师对学生的主导性表现在观察学生学习过程,关注学生个体差异,挖掘课堂生成问题,促进学生有效学习。我们可以看到这样的课程实施,哪怕是暂时性的改造,对老师来说都是一项挑战。

(2) 基于主题式课程对学习方式的影响

任务驱动下学生主动利用网络搜寻相关学习资料,提出问题、研究问题、解决问题,最终通过自主探究得到结论。学生经历的学习过程不同于以往课堂上教师大段的讲解,取而代之的是学生的探索与分析,利用各种方式表述研究结果。

小学教育称为基础教育,是"根"的教育。著名教育家顾明远先生说:"为每个学生提供适合的教育就是最好的教育。"教育的终极目标不是成功,而是成长过程导向的努力,比结果导向的努力会有更多意想不到的收获。"习于智长,优于心成",让我们在资源带大家庭里,共同求"真"、至"优"、提"质"、出"彩"。

第三节 减负背景下的小学教学质量监测分析

一、教学质量监测

教学质量分析或称质量评价,是在正规性检测结束后,对教育教学质量进行客观分析并对今后教育教学工作提出指导或建议性意见。其作用是剖析教师教学和学生学习现状，指导学校教学工作，是学校强化教学管理工作的重要手段。及时进行教学质量分析，是教学领导对学校教学工作进行全面、深刻、系统反思，总结经验、查找不足，进而拿出新的具体措施、制定出下一步工作方案的过程，是不断接收、吸纳新的教学思想，不断调整教学改革方向的过程。可以说，它是不断提高教学质量，保证学校教学工作稳定、可持续发展的"驱动器"。

(一) 学校层面

学校在每学期举办一次教学工作会，中心内容就是对教学的过程的检测情况进行分析，目的是保证国家课程的有效实施；作用是找出反映教学质量的资料和数据，分析其中的得与失；最终的归宿是促进学生学习水平的提高和教师专业化发展。学校希望通过教学工作会，牢固确立学生的发展是学校的根本任务，教学质量是学校的生命线。也希望传递给老师们，教学质量是依靠先进教学理念，脚踏实地做出来的。

(二) 教师层面

每位一线老师都有一个美好的心愿，那就是使自己的教学质量得到最大程度的提高，让每个孩子享受优质的教育。它也是打造学校品牌教育不可或缺的一环。然而事实如何呢？《纲要》中明确指出要"减轻学生过重课业负担"。市、区教委也明确指出要"减负增效"。学校按国家规定的课时量进行课程设置，而老师们普遍的感受是课时不够，学生探究新知没时间做巩固练习，学生做了综合训练老师没时间进行讲评，教师讲评习题没时间落实学生是否消化吸收。

二、学校教学质量分析

(一) 小学教学质量分析的意义

提高教学质量需要我们认真去反思，努力去改善，踏实去行动。做好质量分析，总结智慧，找出症结，发现问题，制定措施，做好落实。不断反思，树立新理念，改进教法，加强教研教改，才能不断提高教师的水平；落实学生的学，不断提高学生学习的自觉性，调动学生学习的积极性。质量分析只有全面、科学、深刻，有启迪性，有指导性，才能促进质量不断提高，才能促进教师向智慧型转变，才能促进学生全面发展。

(二) 做好质量分析遵循的原则

1. 定性分析和定量分析相结合——聚事实唤觉醒

定性分析和定量分析各自反映了同一事物的不同侧面。定量分析只注重对数据的比较，定性分析局限在对现象的说明。定性分析与定量分析相结合，用数据说话，对学生的变化情况深入分析，能提高分析的科学性和使用价值。

如直观呈现各年级语、数、英学科成绩均在年级名列前茅的班级及任课教师情况，横向比较，发现教学优势之一是班级中学生各科全面发展。再通过同一学科成绩均在年级前三名的班级及任课教师情况，发现优势之二是任教多个班级均衡发展。从而看出学科教师自身的专业水平与多班教学的协调能力是高质量的保证。

结合教学常规管理——备课方面，分析发现：教师是肯于深入研究教材、精心设计教学过程的；教师是能够研究教材、设计教学的。教师能掌握学科课程标准中提出的课程基本理念及所教年级具体教学目标与要求；备课详细、实用；能依据所教年级具体教学目标与要求在教学设计中认真落实课程基本理念；能采用电子备课形式，做到正确、科学运用共享教学资源。

结合日常听课情况——上课方面，分析发现：教师上课能将课程基本理念转化为自觉的教学实践行为。教学目标、学习条件、学习指导与教学调控、学生活动、课堂气氛、教学效果等评价指标符合《资源带课堂教学评价标准》。

2. "动态"和"静态"分析相结合——用科学抓管理

静态分析和动态分析是相对而言的。静态分析侧重分析在均衡条件下，学生成绩的均衡状态。动态分析是在静态分析的时间因素的影响下，随着时间的推移过程来研究各种因素影响学生成绩变化的进程。

分析临近两个学期或一学年成绩保持优秀的班级及任课教师情况，临近两个学期或一学年稳步前进的班级及任课教师情况。纵向比较看发展趋势，对比两个学期的数据，整理后我们发现数据背后的现象。同一学科，经过一学期的学习，孩子们的成绩有了明显的进步；同一班级，第一、二学期成绩比较，在班主任的带领下班级各科成绩处于上升趋势，新接班的老师所教学科在短短一年时间内就有了可喜的变化。枯燥的数据让我们清醒地认识到一分耕耘换来一分欣喜的收获，一份付出换来一份真诚的回报。

在教学质量分析中肯定成绩、梳理教学优势时，要分析教师。因为教师是学生的第一责任人，有一流的教师，才有一流的学生。学生的学习成绩怎样，总能从教师身上找到根源与佐证。

3. 主管领导和教师分析相结合——用智慧出实招

主管领导进行教学质量分析，要突出学校教改、课改重点与亮点，如主题为"静心思考　明确目标""变化中思考　实践中积累"的教学质量分析。通过对教师教学质量和学生学习质量的精确评价，从不同的角度分析和反馈教学质量情况，引导教师改进教学方法，提高学生学习成效。

主管领导和教师分析相结合，是因为来自教师的事例是最鲜活的，让更多的教师有机会分享他人的智慧，学会实用可操作的教学妙招，提升自身的教育教学水平。

（1）抓教学质量要关注学科发展趋势

教师一定要跟上自己所教科目的发展趋势。"读书使人充实，讨论使人明智，作文使人准确"，读书的好处，培根说得淋漓尽致。现在的中高考，关注的核心素养之一就是阅读素养，学校王予红晨读、隐形图书馆、读书网络班会抓住了学科发展的趋势；李钧坚持数学知识从生活中来，恰恰是现在教育改革所提倡的广义教育资源供给，知识有用；晓丽英语小讲堂、特色作业设计等迈出了新课程设置提倡的学科实践活动的步伐。

（2）抓教学质量要重视研教结合

有人说："教不研则浅，研不教则枯"，教师年复一年、日复一日地重复自己的工作，埋头苦教，只教不研是浅显的。《礼记·大学》中讲"苟日新，日日新，又日新"，意思是说如果能每天除旧更新，就要天天除旧更新，不间断地更新又更新。语、数、英三位老师在研究学生的基础上，教给学生适合的学习方法。如开办语文文化快报，将优秀作文整理成册；数学课堂坚持渗透解决问题的方法的各种措施；英语设计活动"百宝箱"等都最大限度地激发学生潜能，正是老师对教学实践做一番理性的思考和经验的提升，使得教师每天的每一堂课、每一次辅导、每一次活动，都给学生带来一个意想不到的惊喜。

（3）抓教学质量要反思教学得失

俗话说："思之则活，思活则深，思深则透，思透则新，思新则进。"像晓丽老师背书问题的新规定，李钧老师对学生尝试画图的鼓励，王予红经典文化的积淀的举措，从这些教学实践中看出的是老师的思考力，不仅解决了教学中的实际问题，也促进了学生的身心发展。其实支撑教师变得越来越好的正是教师自己的反思与修正。

4. 理性思考与感性分析相结合——听故事唤悟道理

教师的日常教学工作，围绕着学生的学习发展忙忙碌碌，所以教师借学校质量分析，静下心来认真客观对待，理智地分析处理。教师校本培训、专家讲座、教育杂志新理念比比皆是，讲得太多往往入耳也不入心，而故事往往引人入胜，更容易被大家接纳。

如和老师们一起听故事《锁和钥匙》：一把坚实的大锁挂在大门上。钥匙来了，它瘦小的身子钻进锁孔，那大锁就"啪"的一声打开了。铁棒奇怪地问："为什么我费了那么大的力气也打不开，而你却轻而易举就把它打开了呢？"钥匙说："因为我最了解它的心。"故事带给我们的启示："铁棒"天生不是开锁的料，只会砸"锁"、撬"锁"——但这样一来，锁就变形了，"心"就受到伤害了。我们可以把它理解为没有抓住事物的关键或问题的症结，不讲科学、不讲技巧的粗暴蛮干的工作手段或工作方法。而"钥匙"是开锁的工具，它熟悉事物的机理，最了解锁的"心"，所以能够灵活机动，只轻轻一转就"轻而易举"地打开了锁。学生是把锁，教师需要做最了解"心"的"钥匙"，即找到适合学生的科学教育方法。

"读懂学生"是教师职业的基本功,只有读懂了学生的认知发展规律、读懂学生的需求、读懂学生的思维、读懂学生的情感,才算读懂了教育。也只有读懂了学生,教学课堂才有"根"。

三、美育教育的目标

教学质量的出发点是教师的发展,在资源带融合与发展中构建"1+3+X"教师培养机制,促进教师专业化发展。学校将"三子"并举,一是"结对子",建立师徒互动学习机制,帮助青年教师成长;二是"搭台子",搭建课堂教学展示平台;三是"树梯子",提供教师成长成功的阶梯,开启智慧教师成功之门。

教学质量的归宿是学生的发展,而学习能力则是人可持续发展的重要基础。陶行知说:"唯有学而不厌的先生,才能教出学而不厌的学生",其实资深的教师时时都在耕耘,每一刻都在付出,根本没有一劳永逸之说。让读书成为习惯,拥有这一良好习惯的教师都会成为有教育思想的、有良好专业水准的智慧型教师。让教师心中教育的种子茁壮萌发出爱的绿荫,不仅美丽自己更荫泽他人,在发展学生的同时促进自己的发展。

参考文献

[1] 陈勇，骆大云.基于有效课堂的小学数学课堂的提问策略研究［M］.北京：冶金工业出版社，2020.

[2] 华国栋.差异教学策略［M］.北京：北京师范大学出版社，2010.

[3] 邓雪霞.校本课程开发：问题与对策［J］.人民教育，2009（22）.

[4] 韩琴.课堂提问能力实训［M］.北京：高等教育出版社，2019.

[5] 温建红.数学课堂有效提问论［M］.北京：中国科学技术出版社，2015.

[6] 赵武立.小学数学课堂教学理论与实践［M］.北京：首都师范大学出版社，2015.

[7] 邓胜兴，姚凤娟，王林发，等.教师课堂提问的技巧与策略［M］.重庆：西南师范大学出版社，2017.

[8] 刘红燕，于艳丽，赵松芝.小学数学课堂教学提问技能［M］.北京：首都师范大学出版社，2014.

[9] 胡庆芳，孙祺斌，李爱军，等.有效课堂提问的22条策略［M］.上海：华东师范大学出版社，2015.

[10] 白玮博.浅谈小学数学课堂教学有效性提问［J］.中国校外教育，2019（36）.

[11] 李宽.小学数学教师课堂提问技能现状及策略剖析［J］.学周刊，2019（32）.

[12] 黄建春.浅析小学数学核心素养培养中进行课堂有效提问的策略［J］.课程教育研究，2019（23）.

[13] 李启龙. 数学课堂提问存在的问题及对策探研 [J]. 成才之路, 2019 (31).

[14] 李雪梅. 小学数学课堂教学有效提问策略的研究与实施 [J]. 学周刊, 2018 (5).

[15] 刘占双. 小学数学课堂提问的教学原则与策略探析 [J]. 中国教师, 2017 (14).

[16] 翁海红. 师生互动理论下小学课堂提问有效性的策略探索 [J]. 学周刊, 2019 (29).

[17] 胡伟伟. 小学数学课堂教学中学生课堂提问有效性提升策略研究 [J]. 读与写, 2019 (8).

[18] 陆丽丽. 小学数学课堂提问有效性的提升方式探寻 [J]. 名师在线, 2018 (35).

[19] 江胜华, 武立群, 李伟清, 等. 教师课堂提问有效性的模糊评价 [J]. 西南师范大学学报 (自然科学版), 2017 (1).

[20] 邢蓉. 小学数学课堂提问技能的现状及对策研究 [J]. 课程教育研究, 2018 (45).